乔治·阿克洛夫：
"柠檬"市场

[韩]崔炳瑞 著
[韩]南基英 绘
于苹 译

经典经济学
轻松读

中国科学技术出版社
·北京·

The Market of Lemons by George Akerlof
©2022 Jaeum & Moeum Publishing Co.,LTD.
[주]자음과모음
Devised and produced by Jaeum & Moeum Publishing Co.,LTD., 325-20,
Hoedong-gil, Paju-si, Gyeonggi-do, 10881 Republic of Korea
Chinese Simplified Character rights arranged through Media Solutions Ltd Tokyo
Japan email:info@mediasolutions.jp in conjunction with CCA Beijing China
北京市版权局著作权合同登记 图字：01-2022-6217。

图书在版编目（CIP）数据

乔治·阿克洛夫："柠檬"市场 /（韩）崔炳瑞著；
（韩）南基英绘；于苹译 . -- 北京：中国科学技术出版
社，2023.5

ISBN 978-7-5046-9972-5

Ⅰ.①乔… Ⅱ.①崔… ②南… ③于… Ⅲ.①乔治·
阿克洛夫—商品市场—不对称信息—经济思想—研究
Ⅳ.① F097.125

中国国家版本馆 CIP 数据核字（2023）第 045067 号

策划编辑	申永刚	封面设计	创研设
责任编辑	高雪静	责任校对	邓雪梅
版式设计	蚂蚁设计	责任印制	李晓霖

出　　版	中国科学技术出版社
发　　行	中国科学技术出版社有限公司发行部
地　　址	北京市海淀区中关村南大街 16 号
邮　　编	100081
发行电话	010-62173865
传　　真	010-62173081
网　　址	http://www.cspbooks.com.cn

开　　本	787mm×1092mm　1/32
字　　数	62 千字
印　　张	6
版　　次	2023 年 5 月第 1 版
印　　次	2023 年 5 月第 1 次印刷
印　　刷	大厂回族自治县彩虹印刷有限公司
书　　号	ISBN 978-7-5046-9972-5 / F·1136
定　　价	59.00 元

（凡购买本社图书，如有缺页、倒页、脱页者，本社发行部负责调换）

序言

我们的人生充满"选择","选择"是我们人生中必不可少的一大主题。早上起来一睁眼,我们就要在喝不喝咖啡之间犹豫不决。接着吃完早餐,就要考虑要乘坐什么样的交通工具去上班或者上学。然后到了中午,就又开始纠结午饭吃什么……我们的日常生活始终被"选择"二字包围着。

在我们一生所面临的众多大大小小的选择

中，有很多都和经济方面密切相关。比如大学毕业我们是选择继续读研还是直接找工作、是否结婚等问题。显然，这些我们在日常生活中遇到的选择题都和经济因素紧密相连。也正因为我们的生活是围绕着这些"经济选择"而展开的，所以我们人类也经常被称为经济动物。

那么我们是怎么做出这种"经济选择"的呢？打个比方，某个人坐着地铁去上班，从表面上来看，他之所以选择坐地铁而非其他交通工具或许是习惯使然，但如果我们深究就会发现，他只不过是在众多选择中找到了自己的最佳选择而已。所谓的最佳选择对他来讲就需要既节省时间又节省金钱，所以衡量二者，地铁对他来讲就是最有效率的最佳选择。

但我们需要注意的是，如果我们想要做出

最佳选择，就必须要掌握足够的信息情报才可以。如果没有信息情报作为依据，我们只能在允满各种不确定性因素的情况下做出选择，因此有很多消费者经常在买东西的时候吃亏。而这本书正是为了解决此类问题而写的。

这本书涉及三个关键词——不确定性、信息，以及本书的主要分析对象"柠檬"市场。这三者之间彼此相互关联、密切相关。下面就让我们正式走进乔治·阿克洛夫（George A. Akerlof）的经济学世界，和乔治·阿克洛夫先生一起去探索"不对称信息"的奥秘。

崔炳瑞

> **独家访谈 | 乔治·阿克洛夫**
>
> # 对话不对称信息理论的创始者乔治·阿克洛夫

大家好,今天我们非常荣幸能够邀请到著名的经济学家乔治·阿克洛夫老师来给我们讲述"'柠檬'市场的故事"。那么,在开始正式讲述之前,我们先在这里简单地采访一下乔治·阿克洛夫老师。

记者: 老师,您好,您能够接受本次的采访，我们感到非常荣幸。咱们可以先和大家打个招呼吗？

乔治·阿克洛夫：大家好，我是信息不对称理论的创立者——乔治·阿克洛夫。

记者：老师可以简单地向我们分享一下您的学术或者求学之路吗？据我所知，您好像是在美国出生的？

乔治·阿克洛夫：对，没错。1940年，我出生于美国康涅狄格州的纽黑文市，曾就读于耶鲁大学，1966年获得美国麻省理工学院（MIT）博士头衔。此后，我曾担任过哈佛大学研究员，以及英国伦敦政治经济学院的经济学教授、印度统计研究所的客座教授。自1980年到现在，我一直在加利福尼亚大学伯克利分校担任经济学教授。

记者： 老师，听说您不仅致力于学术研究和教育工作，还非常热衷于参加社会经济活动。

乔治·阿克洛夫： 是的，我曾参与了政府的很多经济政策的制定，曾担任过美国总统经济顾问委员会的委员以及美联储（美国联邦储备系统，The Federal Reserve System）的研究委员。另外，我还担任过布鲁金斯学会的高级研究委员及美国经济学会副会长等职务。

记者： 原来如此。众所周知，您被大家称为"不对称信息理论的创始人"，所以想请问您是否可以给我们分享一下您有关这个理论的一些具有代表性的学术研究著作？

乔治·阿克洛夫： 我曾在1970年发表了一篇名为《"柠檬"市场：质量的不确定性和市场机制》的论文。这篇论文一直被外界评价为一篇具有里程碑意义的论文。讲出这样的话让我有些难为情，感觉像是在自夸，哈哈。言归正传，这篇论文的副标题为"质量不确定性和市场机制"，正如副标题中所展现的那样，在这篇论文中，我非常清晰细致地分析了不对称信息问题和市场功能之间的关系。

记者： 论文的题目听起来很有意思。您可以进一步给我们分享下论文里的内容吗？

乔治·阿克洛夫： 当然可以。我们都知道，市场机制要想正常运转的前提条件之一便是信息的完全性，即参与市场经济活动的主体——买者和卖者双方都必须具备与自己经济决策相关的所有信息。所以如果双方之间出现了掌握的信息不对等的情况，毋庸置疑，市场机制就无法正常或合规地运转，参与双方最终肯定会有一方蒙受损失。

我在这篇论文中举了二手车市场的例子来进行说明。一般来讲，在二手车市场，买二手车的人与卖二手车的人相比，掌握的市场信息相对不足，因此，消费者经常被以次充好的商品欺骗，以高价购买到有瑕疵的汽车。而这篇论文中提到的"柠檬市场理论"将这些低质量的汽车比喻成了"柠檬"，并对信息不对称问题进行了分析。

记者： 听起来很有意思。但我想问下，为什么您在这篇论文中选择以二手车市场为例呢？有什么特别的理由吗？

乔治·阿克洛夫： 这个问题问得很巧妙，想要找到关于这个问题的答案就不得不提到我曾在伯克利分校担任助教的那段时间，当时因为经济拮据，我曾经买过二手车，所以便以这段经历为基础来做出了这样的假设。当然买二手车这种行为并没有错，要知道在加利福尼亚州没有汽车简直寸步难行，所以买二手车这种情况是很常见的，只不过人们买到的车经常不符合自己的预期，质量比想象中的要差很多，所以人们经常需要再花许多额外费用来进行车辆的维修。

我作为一名经济学家，看见这样的现象便

想从理论上来进行分析——为什么消费者不能通过交易买到质量好的车？二手车市场效率为什么如此低下？因此，可以"淋漓尽致"地反映出信息不对称问题的二手车市场就成为再合适不过的案例了。

记者： 原来如此。据悉，通过学习这篇论文中对二手车市场进行的深刻分析，后来的学者们对不确定性信息的理论认知更加清晰了。或许也正是基于该原因，您的研究才在2001年获得了诺贝尔经济学奖吧？

乔治·阿克洛夫： 是的，确实如此。因为我对信息在经济中的重要性和作用进行了透彻的分析，所以在2001年，瑞典皇家学院将斯坦福大学的迈克尔·斯宾赛（Michael Spence）

教授、哥伦比亚大学的约瑟夫·斯蒂格利茨（Joseph Stiglitz）教授以及我在内的三位美国经济学家选为了获奖者。而且我们的这些分析后来还成了信息经济学（The Economics of Information）核心理论的基石，同时我也通过对"信息不对称性对市场和经济的影响"的分析，为不确定性理论的确立作出了一些贡献。

记者： 请问老师，不确定性经济理论与传统经济理论有何不同？

乔治·阿克洛夫： 从传统经济理论来看，完全竞争的市场理论是在市场参与者即生产者和消费者完全掌握市场信息的前提下提出的。也就是说，所有经济主体都掌握着与自己的经济决策有关的一切信息。因此在这种理想状态下的完全竞争市场中，每个市场参与者能够实现自己利益的最大化。

但是，如果交易双方掌握的信息不完全或者不对等都会使得完全竞争市场无法正常运行，所以在现实生活中，完全竞争市场存在的可能性微乎其微。因此，正是出于完全竞争市场的这种不可实现性，我才提出了不确定性的经济理论。

20世纪70年代后该理论被广泛研究，同时该理论的应用范围也在不断扩展，甚至从发展中国家的农业市场延伸到了发达国家的金融市场。

记者： 原来如此，听闻老师还出了很多其他的学术著作，您可以向我们稍微介绍下吗？

> **发展中国家**
> 指经济、技术、人们生活水平较低的国家，也被叫作开发中国家或者欠发达国家。

乔治·阿克洛夫： 一直以来我都很喜欢研究自己感兴趣的课题，并习惯将这些成果以学术著作的形式呈现出来，比如《一位经济理论家讲述的故事》《失业影响的社会习俗理论》《种族制度经济学与无休止的激烈竞争及其他可悲的陈述》等。在这些书中，我对社会上的一些热门话题进行了讨论，并以通俗易懂的方式为大家分析介绍这些话题背后所蕴含的经济理论及经济意义，便于每一位读者的理解。

记者： 据我所知，最近您出了一本新书，引起了人们的热议。

乔治·阿克洛夫： 对的，书的名字叫《动

物精神》(*Animal Spirit*)，我听说这本书也受到了许多读者的喜爱，对此我感到非常荣幸。这本书是由我和罗伯特·席勒（Robertames Shiller）共同合写的，罗伯特·席勒是一位非常

优秀的经济学家，尤其擅长研究美国的房地产经济，在这本书中，我们对2007年发生的世界经济危机进行了解读，也正因如此，这本书得到了外界很高的评价。

记者： 原来如此。最后，可以请老师给我们谈一下您的经济哲学观吗？

乔治·阿克洛夫： 当然可以。在我看来，经济学是一门很有趣的学科，所以我致力于用通俗易懂的语言向人们解释这些看似深奥的经济学原理。我认为经济学理论模型是可以运用在不同领域的，哪怕是在非经济领域中，这些模型仍具有一定的理论意义。但传统经济理论以及现在占据主流地位的新古典主义经济学家们都更倾向于将经济学局限在经济领域这一单一领域之中，从而忽视了其在社会心理学和人类学等领域中的意义，要知道这些领域也是会对经济造成影响的。因此我在研究经济理论模型时，会将这些因素考虑在内，除了关于不对称信息的研究外，我还会研究社会因素对经济领域的影响，并将这些因素纳入我的经济理论模型中，对这些因素进行分析。比如劳资关系以及劳动者对劳动力市场效率的影响，以及社会习俗对经济产生的消极影响，还有印度种姓制度存在的问题，等等。

记者：老师讲得太有道理了，相信老师的话会让每一位听众都受益匪浅。同时也感谢老师对本次采访的配合，那么采访到此正式结束，下面让我们开始本书内容。

目录

第一章　不确定性未来的风险 / 1

准确预见的可能性 / 3

雨伞商贩和墨镜商贩的烦恼 / 11

扩展知识丨东京电力和东京天然气公司的风险共担协议 / 18

第二章　期待与公平的游戏 / 23

动摇经济的期待心理 / 25

人们对待危险的态度 / 42

难以做出理性选择的原因 / 60

扩展知识丨贤明妻子的理性预期 / 75

第三章　二手车市场和"柠檬"市场 / 79

模型与经济理论 / 81

理论的作用 / 88

二手车的性能和价格 / 91

扩展知识丨马克思的经济理论是不好的经济理论吗 / 100

第四章　市场的逆向选择和道德风险 / 107

保险市场的逆向选择 / 109

道德风险 / 113

格雷欣法则 / 124

艺术品市场中的信息不对称 / 126

扩展知识丨伯乐一顾 / 139

第五章　劳动市场中的筛选和信号发送 / 145

人力资本和工资 / 147

教育的信号发生作用 / 149

毕业证和学历通胀 / 154

实习制度 / 156

结语　研究各种各样的社会问题 / 161

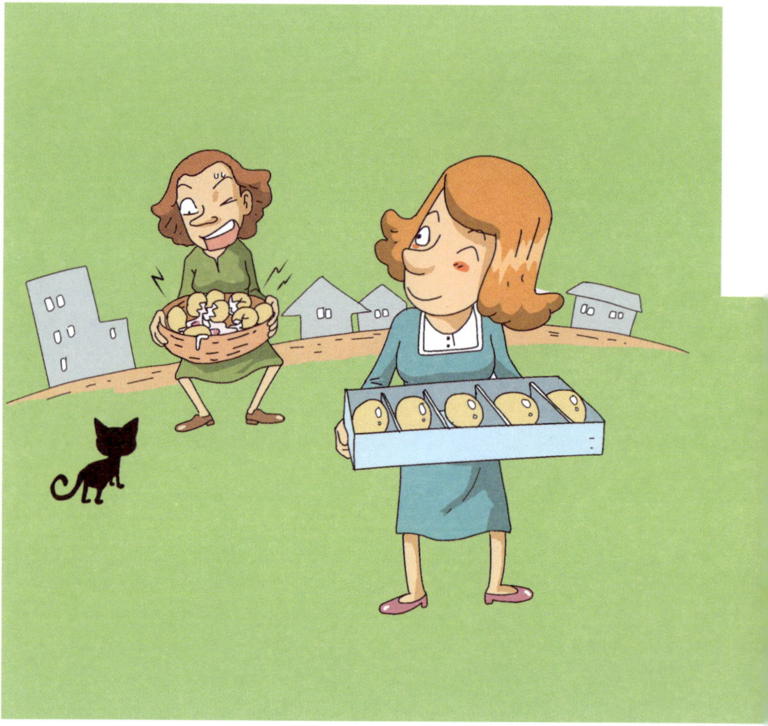

第一章

不确定性未来的风险

在经济活动中，学会预测是非常重要的事情，因为这关乎你所做出的决策正确与否。这不是一件简单的事情，因为我们的生活是充满不确定性的，所以我们所做的每个预测往往都会伴随着风险。但这个所谓的"不确定性"在经济学里到底指的是什么呢?

准确预见的可能性

这个世界上永远存在不确定性。有很多时候，我们潜意识里觉得是非常确定的事情，有可能是模糊不清的，甚至可能还是错误的。为什么会这样呢？首先，从个人角度来看，造成这种结果往往是因为我们的一种错误认知，除此之外，从社会角度来看，往往是因为我们所掌握的社会信息较为匮乏。

比如，如果有人问你"地球真的是圆的

伽利略·伽利雷的肖像

吗",你会怎么想呢?你肯定会觉得这个人莫名其妙,这么简单的问题竟然还来问别人。地球当然是圆的啦,连几岁小孩都知道。但在几百年前的欧洲,有人提出了"地球是圆的"这一主张,却因此受到了教会的制裁,这个人便是伽利略(Galileo Galilei)。

对当时的人们来讲,这样的主张在他们眼里简直是天方夜谭,他们无论如何也接受不了。再加上当时的英国是一个极其保守、传统(甚至可以说是墨守成规)的国家,地平说的概念在当时的社会里已经根深蒂固,所以伽利略提出的地圆说的主张在当时并没有得到认可,尽管这个主张是十分科学的且是符合自然规律的事实。读到这里你一定会觉得很吃惊吧？

言归正传，接下来我们从时间视角来分析"不确定性"的原因。假设我们现在在一个时间轴上，以现在时间为基准，往前是过去，往后是未来，对于之前已经发生的事情，或许我们可以用"确定"二字来下定论，但对于未来即将发生的事情却无法用"确定"二字来妄下定论，因为过去总是已知的，未来总是未知的，人们永远无法预测下一秒以及明天会发生的事情。比如有人买了一张彩票，但他无法预知这张彩票会不会中奖；抑或是为了确认彩票中奖与否，他要到彩票店去查看开奖结果，但谁又能预测到他会不会在去彩票店的路上出车祸而亡呢？

未来总是充满了不确定性，尽管如此，每个人或许都对这种不确定的未来有过设想。或许也正因为这种"普遍性的设想"，一些科幻类型的作品才层出不穷。我小时候读过一部漫画，叫作《鲁邦三世》，该漫画中经常会出现一个所谓"明日报"的东西，每次主人公使用"明日报"的时候都可以赚到很多钱。因为只要拥有了它就能预知未来，所以主人公每次都可以趋利避害，大赚一笔。

我还要推荐青少年去看一部电影——《回到未来》，这部电影和漫画《鲁邦三世》有着异曲同工之处。该电影的第二部《回到未来2》中出现了一个叫"体育年鉴"的东西，可以说是"明日报"的终极版。因为年鉴不仅有预知未来经济发展的能力，并且还可以让主人公在每次的比赛中都获得胜利。

假设我们虽然没有"明日报"这样神奇的东西,但我们依然可以获得关于未来的所有信息的话,那么我们也可以像"体育年鉴"或者"明日报"那样,将我们对未来的预知变成现实。就好像我们想尽一切办法,利用各种气象仪器来观察气象,然后用得到的信息对明天的天气做出预测时,这样的预测几乎是非常准确的。这在经济学里被称为准确预见性(perfect foresight)。

说到这里我们不得不产生疑问,这种准确预见性真的有可能实现吗?在传统经济学中有一个叫作"完全市场竞争"的假设,该假设设定了厂

> 完全竞争市场的前提条件——信息的完全性:市场上的每一个买者和卖者都掌握着与自己的经济决策有关的一切信息。

商和消费者都具有市场的完全信息，也就是市场上的每一个买者和卖者都掌握着与自己的经济决策有关的一切信息。因此这样的话，每一个消费者和每一个厂商都可以根据自己掌握的完全信息，做出自己的最优经济决策，从而获得最大的经济效益，优化资源配置。

这种准确预见性不仅适用于经济学，也适用于其他领域。提到爱因斯坦（Albert Einstein）这个名字，应该没有人不知道。爱因斯坦曾经提出过一个非常有名的"相对论"的定律，通过相对论可以对万事万物的运动规律进行准确的预测。同时，人们

阿尔伯特·爱因斯坦

通过相对论还可以推测出天体运动的规律，对"来无影去无踪"的天体运动认知更为清晰。

可是如果我们真的具备了能够事先预测的能力，我们的世界会怎样呢？我们或许就能事先预防很多不幸事情的发生，从这个视角来看，或许拥有这个能力应该是我们每个人都梦寐以求的事情。但是，如果从另一个视角来看待这个能力，或许拥有这个能力的同时也会让我们失去很多人生的趣味。

为什么会这么讲呢？因为我们的现实生活本就是充满未知的，未知才有趣，未知才让我们的生活变得丰富多彩。可是，如果我们的生活被束缚在各种各样的运行法则之中，人就像一台机器一样生活，或许最终我们的生活只能被无趣占领，我们会失去对未来的期待，也会失去在未知中体会到的快乐。

在20世纪除了爱因斯坦,还有一位颇具影响力的物理学家——理查德·费曼(Richard Feynman)。他除了编写过物理教科书,还曾经写过一本非常有名的随笔集——《别闹了,费曼先生》(Surely You're Joking, Mr. Feynman)。他曾经给《纽约时报》(New York Times)投过一篇文章,在这篇文章中,他谈及了爱因斯坦和维尔纳·海森堡(Werner Heisenberg)之间的争论。他在文章中是这样写的,"我不想生活在爱因斯坦先生提出的完全决定论的世界里面,因为我会找不到新的乐趣"。

通过这样的一句话,理查德·费曼委婉地表达了自己的观点。当时爱因斯坦和海森堡的争论虽然在世人眼中难以理解,但也正是在那场争论中，爱因斯坦留下了一句著名语录——"上帝不会掷骰子"。也就是说在爱因斯坦看来：上帝在创造宇宙和世界时，就已经设定好了运行法则，所以万事万物的运动都是有规律可循的。他用尽毕生精力来研究这个"神奇的运行法则"，即统一场论，但最终还是未能如愿便离开了这个世界，据说至今仍有许多物理学家前赴后继地研究这个理论。

> **维尔纳·海森堡**
> 德国的物理学家，以主张不确定性理论而闻名。
>
> **统一场理论**
> 是指将支配宇宙运动法则的四种力量合并为一个理论。

雨伞商贩和墨镜商贩的烦恼

未来是充满不确定性的，所以我们所做的决定往往伴随着风险。比如，我们在漆黑的夜里驾车前行，突然驶入了一条没有路灯的路，这时候我们会面临什么呢？我们会面临危险，因为我们看不见路，我们不知道前面的路是否是死胡同，是否有障碍物，抑或前面是否有水坑。而这一切都是因为我们没有事先掌握这条路的路况信息，所以将自己置身于这种未知的危险之中。如果我们能够预先获知这条路的路况信息的话，我们就能提前做好预测，防止自己陷入危险之中。而汽车前灯正是担当了这种帮助预测的任务，通过前灯我们可以获得道路信息，提前做好准备，从而防止我们陷入未知的危险之中。

从这个例子我们也能看出信息情报的重要性。只要我们具备足够的信息，就能防范未知的风险，这一点和未来社会所强调的信息情报的重要性可谓有异曲同工之妙。因此在面对未知的未来或者选择时，掌握足够的信息情报是极其重要的。

下面我们来看一个有趣的故事。回想下我们在路边是不是经常会看见摆摊的小商贩，假设现在我们看见了两家小商贩，一家卖墨镜，一家卖雨伞，请问哪一家的商品会卖得更多一些呢？

想要找到关于这个问题的答案，就必须要考虑会对这两家小摊贩生意造成影响的因素有哪些。首先，地理位置，也就是摆摊的地点。如果掌握了这个地点的客流量，会对我们找到答案有很大的帮助。另外还有一个决定性因素——天气，要知道墨镜和雨伞都是为了应对不同的天气状况而使用的物品，因此可以毫不夸张地讲，天气状况决定着这两家小商贩的生意兴隆与否。如果天气晴朗,这两个小商贩中卖墨镜的那个人脸上肯定是喜气洋洋,而卖雨伞的则是愁眉苦脸。如果天气状况变为阴天,显而易见,这两个小摊贩脸上的表情肯定会互换。

但这种事情谁也捉摸不透,因为没有人可以准确预测到明天的天气到底是晴还是阴。因此,天气因素是影响这两个小摊贩生意的重要因素。这便是我们常说的"信息就是财富",放在这里便是"天气就是财富"。由此可见,即便是对一个做路边生意的小摊贩来讲,也需要懂得"信息就是财富"的道理才行。

因此,最近出现了一些像天气情报公司一样可以为消费者提供天气情报并收取一定费用的风投公司,其主要服务对象为一些出海渔民以及演唱会的举办方等。除此之外，他们还会给一些生产冰箱、空调的电器公司和一些生产饮料的公司提供夏季的总体天气情报，然后那些公司会以风投公司提供的天气情报为基础来决定自己当年的生产量以及对生产机器的投资额。

但是，天气不是那么容易预测的，就连气象厅和天气情报公司也不能做到"百发百中"，总有马失前蹄的时候。因此，为了保险起见，应该采取一些备用措施。用专业术语来讲就是要进行投资组合，通过分散投资（diversification）的方式来使风险最小化，这个方法可以称得上是降低投资风险最为有利的武器。

假设现在有一个同时卖墨镜和雨伞两样商

品的商人，他现在正苦恼明天该带哪样东西出摊。按照这种思维，这个时候与其花时间考虑带什么商品出摊，倒不如将这两样东西都各带一半，再根据明天的天气情况随机应变。这样就能够分散风险，使风险降低50%左右。

> **投资组合**
> 投资者为了减少投资风险，采用分散投资的方式，即购买不同的投资理财产品来降低投资风险。

正如西方那句非常有名的谚语所讲的一样，"不要将鸡蛋放在同一个篮子里（Don't put all your eggs in one basket）"，这句话便讲的是为了降低投资风险，应该选择多种投资产品。这种选择最大的好处就是可以省去我们在预测未来时所浪费的精力和金钱。就像这位正在为明天带什么出摊而纠结的商人一样，通过采取"分散投资"的方式将每种商品各带一半，就可以从这种长时间的纠结中解脱出来。

扩展知识

东京电力和东京天然气公司的风险共担协议

我们前面提到过天气预报往往会有预测不准的时候,所以一些依据天气预报来决定生产量的公司极有可能会因为错误的天气情报而蒙受损失。针对这种情况,最近日本就出现了以那些有可能因为信息情报不准而遭受损失的公司为对象,推出的一款保险产品。

还有一个例子发生在2002年,东京电力公司和东京天然气公司签订了风险共担协议。要知道这两家公司有一个共性,就是气温变化都会对它们的销售额有所影响。如果夏季气温偏低，那么遭受损失的就是东京电力公司，反之，如果气温上升，那么遭受损失的就是东京天然气公司。归根究底就是因为这两个公司的产品互为替代品，因此双方公司企图通过签订协议的方式来分担各自的风险。

双方公司分析了近40年间8月和9月的平均气温，决定以26°C为分界线，上下允许有0.5°C的误差，也就是将温度规定在了25.5～26.5°C这个区间。如果温度在26.5°C以上，那么东京电力就要支付80万日元的赔偿金给东京天然气公司。同样地，如果温度低于25.5°C，则由东京天然气公司支付给东京电力公司80万日元的赔偿金。这样一来，可以让双方的收益风险减少30%。

股票价格明天会上升，还是会下降呢？
好担心啊，睡不着了……
哎，如果有“明日报”这么神奇的东西就好了……
明日报：
预计股票市场……接连上涨。
不行，不睡了，我得再查查，多收集些信息，以防万一。
原来还可以将自己的资金交给信托机构来管理啊，太神奇了啊！
哇哦，原来分散投资可以使投资风险最小化啊！
虽然预测不了未来，
但是我可以采取措施尽可能地规避风险啊，我可太聪明了。
太好了啊，可以放心睡觉了。

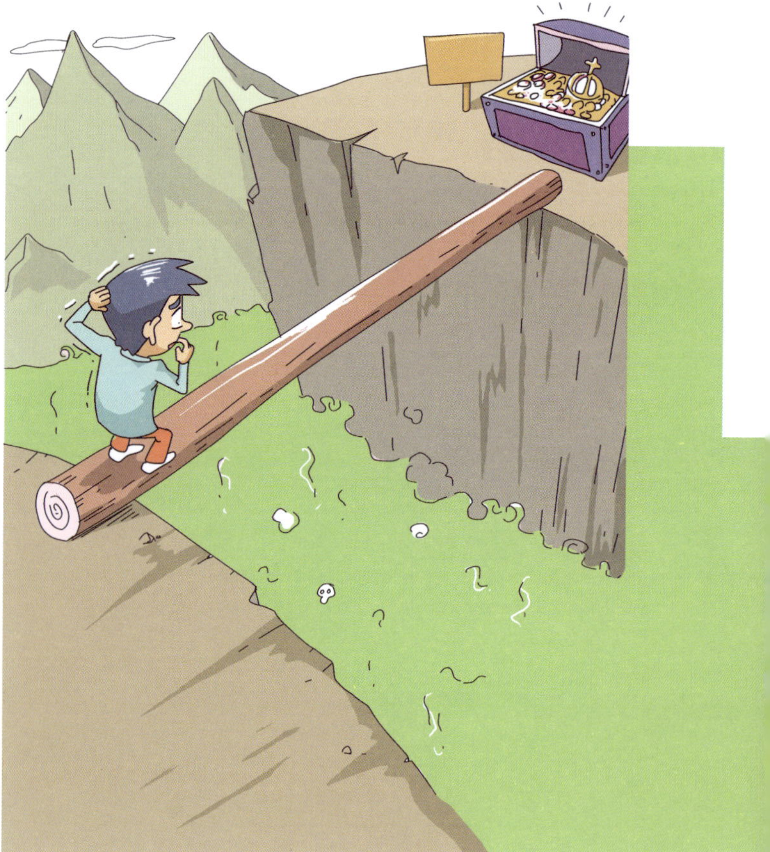

第二章

期待与公平的游戏

　　未来是充满不确定性的,可是人们却经常会在心里对这不确定的未来进行预测,而这种"内心的预测"便叫作期待。期待心理看似和经济毫无关系,但实际上也会对经济产生影响,下面让我们来具体看一下。

动摇经济的期待心理

人们的期待心理有时候也会对经济产生影响，典型的例子便是通货膨胀（inflation）。因为有的时候人们担心物价会上涨，结果物价就真的上涨了。比如在实物市场（real market）中，有的时候并不存在一些致使物价上涨的外界因素，但最终由于这种期待心理竟致使物价真的上

> **通货膨胀**
> 指随着货币贬值，物价持续上涨的经济现象。
>
> **实物市场**
> 拿实物或者股票在市场上进行交换。

涨了。

这种对通货膨胀的期待一般被叫作膨胀预期，即人们预先就做好准备要避免通胀给自己造成损害，因此采取了一些防范措施，而正是由于这些防范措施最终真的引发了通货膨胀，即对通胀的预期本身就会加快通胀的到来。这种期待心理往往只会对经济产生一些消极影响，起不到什么促进的作用。举例来讲，我们在看一些国际棒球大赛时，往往会发现一个令人觉得"莫名其妙"的怪象，如果球场上有棒球运动员做到了本垒打，坐在前排的一名观众因为太过激动就站了起来，这时候后排观众由于视野被遮挡也相继站了起来，最后观众席上发生了奇怪的一幕，大家全都在站着看比赛，没有人坐着看比赛了。但是坐着看比赛和站着看比赛有什么区别呢？对于比赛结果而言没有任何改变，毕竟它并不会因为你的期待而改变。

下面再看一下其他例子。在寒冷的冬天，供暖用的石油作为生活必需品，家家户户都得储存一些[①]，但有的人怕石油价格上涨就储存了大量的石油，即使自己家里的储备根本就用不完。这种奇怪的"期待心理"紧接着就传递给了身边的亲朋好友，然后再经过多次传递，最后储存过量的石油成了一种普遍的社会现象。随着这种需求量的大幅度上涨，石油供不应求，引发了其价格上涨。在整个过程中都没有任何不可抗因素会致使物价上涨，只是因为人们的这种期待心理，最终使得油价上涨，最终

[①] 此处为韩国民众的越冬方式。——编者注

吃亏的只能是人们自己。

经济学中有一个概念叫作均衡，在某种程度上也可以和这种期待心理结合起来。均衡一般是指在经济体系中变动着的各种力量处于均衡状态，即变动的净趋向为零，就好比我们常讲的供需平衡。举个简单的例子，假设一个小孩第一次到饭店吃自助餐，我们都知道自助餐是只要付了钱就能随便吃，这个小孩也知道这一点，他认为自己能够吃得很多，所以就疯狂地往盘子里夹东西，夹的量远远超过了自己平时的食量，最终结果可想而知，他并没有吃完所夹的东西。然后在下一次吃自助餐的时候，因为他上一次接受的教训以及父母的提醒，所以这次他就知道要少夹一些，夹的东西得都能吃掉才行。当然也有可能会出现调节失败的现象，也就是他又像上次一样——夹的食物又剩下了，但这并没有关系，只要这个小孩再去吃自助餐，他就会知道要比上次再少夹一些才行，从每次的错误中吸取经验，最终吃多少拿多少。

就如前面的例子所讲的，我们无法掌握关于未来的所有情报信息，但是我们可以根据我们手头所掌握的情报对未来做出合理的预期。以这个想法为出发点，有一些经济学家便建构了相关的数理模型——合理期望假设模型（rational expectation hypothesis）。

关于这个模型，我们来举一个简单的例子。比如在韩国经济停滞的时候，中央银行为了促进经济发展就决定采取宽松的金融政策：增加货币供应量、下调利率。但有一些企业在政策正式实行前就听闻了消息，并对政策产生了某种期待心理，并将这种心理反映在了自己公司的行动计划里并采取行动。因此当政府正式开始实行经济政策时，该公司可能不会达到自己心理预期的效果，因为他们已经提前将自己对政策的预期效果反映在了自己的行动计划中。

我们再举一个关于证券市场的例子，证券市场中常会传出某些因素可能会使得股票价格上涨的消息，但等到用户在实际操作时会发现，这些因素往往并不会对股票市场产生任何影响。比如在韩国，

> **金融政策**
> 中央银行（或政府）为了稳定物价等，会采取调整货币供应量或利率的措施，也被称为货币政策。
>
> **通货**
> 即流通货币，在商品流通过程中充当一般等价交换物，主要指国家发行的法定货币。包括纸币、铸币等有形实体货币和信用货币。如人民币是中国的通货，美元是美国的通货。

此前一直传出朝韩关系即将朝着利好的方向发展的消息，然后等到两国真正发表了双边关系的利好宣言时，我们发现韩国股票不仅没有上涨反而还下跌了。这是因为股票市场的参与者们已经事先将对这种因素的期待反映在了自己股票买入卖出的战略里。

> **利率**
> 利息是借款人需为其所借金钱支付的代价，亦是放款人延迟其消费，借给借款人所获得的回报。利率指一定时期内利息额与借贷资金额的比率，通常以一年期利息与本金的百分比来计算。

滑铁卢战役的最大赢家——内森·罗斯柴尔德

我们在前面已经多次讲过掌握关于市场的信息情报是很重要的，但现实却往往不能让我们得偿所愿。正如前面我们提到过的不确定性市场的典型代表——证券市场一样，没有人可以准确地预测股价的走向,所以尽管有很多与之相关的研究,但这些理论研究大多都无法准确预测出股价的走向。

股价的走向就像滴落在水中的墨水一样,它来无影去无踪,没有人可以摸清它的方向。我们很难用既定的单一理论来对股价走向进行预测,因此,对股票持有者来说,掌握足够多的信息情报是极其重要的。提到这点,我们就不得不提起某个历史事件,即1815年6月20日发生在伦敦交易所的事件。当天,伦敦交易所内出现了一位文质彬彬的英国绅士,所有人都屏气凝神地盯着他。他的名字叫作内森·罗斯柴尔德(Nathan Rothschild),是世界著名的金融世家"罗斯柴尔德家族"的成员,也是拥有当时世界最大金融公司的梅耶·罗斯柴尔德

（Mayer Rothschild）的儿子。梅耶·罗斯柴尔德通过在德国的法兰克福做生意积攒了大量的资金，因此他先后将自己的几个儿子送往巴黎、伦敦等地方来扩展家族事业，其中内森被派往了英国。作为老罗斯柴尔德的儿子，他对经济极其敏感，他早就看出了情报的重要性，可以说他在罗斯柴尔德家族的兴盛期起着至关重要的作用。

以上就是内森·罗斯柴尔德的背景介绍。言归正传，咱们回到这个历史故事中来，当时为什么内森·罗斯柴尔德一出现就引起了所有人的关注呢？

罗斯柴尔德家族
欧洲乃至世界久负盛名的金融家族。他们不仅参与金融活动，就连在政界也有着举足轻重的影响力，至今他们仍在英法美三国的金融界有着强大的影响力。

解释这个问题，需要从1812年说起。当

第二章　期待与公平的游戏

罗斯柴尔德家族之墓

年拿破仑征战俄罗斯，一路过五关斩六将，无一败仗，势如破竹，直到打到了莫斯科，遇到了"冬将军"，才最终兵败而归。关于这场战争的历史，感兴趣的人可以看下列夫·尼古拉耶维奇·托尔斯泰（Lev Nikolayevich Tolstoy）的大作《战争与和平》（*War and Peace*），在这本书中，有关于这场战争的详细记载。

在这场战争中，拿破仑战败，被流放至厄尔巴岛。不久后他从该岛逃脱，暗自组建了自己的势力，决定进攻巴黎，再一次征服欧洲。

在这次征战巴黎的过程中，有一场决定拿破仑命运的战役，史称"滑铁卢战役"，这是一场拿破仑对反法联军的战役。为什么会提起这场战役呢？因为它关乎英国伦敦交易所里这些股民们的命运。当时在伦敦，几乎所有人都认为这场战争的胜利属于拿破仑，甚至还有传闻称拿破仑已经直接一举攻入了联军的阵地。因此，当时交易所里的英国公债隐隐有暴跌倾向，但是谁也不知道真实的战况究竟如何。在这千钧一发之际，内森·罗斯柴尔德登场了，所有人都屏气凝神地看着他，观察他下一步如何行动，因为或许只有他的手

> **势如破竹**
> 指竹子的上端几节被破开以后，下面各节顺着刀势就分开了。比喻节节胜利，毫无阻碍。
>
> **冬将军**
> 比喻严寒的冬天。

中才掌握着关于这场战争的准确情报结果。毕竟，当时的通信技术还很落后，像电话、传真、电子邮件这些通信工具都还没有被发明，所以获取情报的渠道非常有限。

关于通信方式的变化我在这里稍微提一下。在古希腊时代，希腊和波斯大战，最终希腊取得了胜利。为了传递这一信息，士兵需要跑到雅典送信才行，要知道这中间的距离足足有42千米啊！但是再看如今，人们足不出户就能在家观看一场战争的直播，比如美国CNN广播电视台就曾通过直播的方式向人们展现了战争的实况，另外还有些博主甚至将战斗场面拍摄下来，上传到油管网（Youtube）上面供人们观看，由此可见现如今的通信手段是多么发达。

但在当时的19世纪，人们是怎么传递信息

的呢？最快速高效的通信手段就是信鸽。正如我们在前文所提到的，罗斯柴尔德家族非常注重情报收

> **YouTube**
> 作为美国极具人气的免费视频共享网站，提供让用户下载、观看及分享影片或短片的服务。

集工作，内森·罗斯柴尔德尤其如此，他非常注重对战略情报的收集和通信系统（信鸽）的投资和建设，构建了属于自己的强大的信息情报网。在外人看来，即使他什么也没有做，他也已经掌握了巨大的财富，他的一举一动都是人们应该关心的头等大事，因为这意味着财富。

对当时交易所里的股民来讲，如果作为联军一员的英军在滑铁卢战役中获胜，那么英国公债就会暴涨；如果拿破仑获胜，那么英国公债就会暴跌。因此，如果比别人更快地知道

结果，就可以赚大钱。内森早已经看透了这一点，因此他想比英国政府更早地获得情报。他也确实做到了，他比英国政府提前一天得知了战争结果，因此，当内森·罗斯柴尔德出现在伦敦交易所的时候，他的手中已经掌握了这场赌局输赢的关键——滑铁卢战役的最终结果。

6月18日，拿破仑军队对惠灵顿发起进攻，当时英军已有大败之势，但随着俄罗斯援军的到来顺利扭转了战局，最终英国的威灵顿将军获胜，拿破仑战败了。拿着这个结果的内森走进了交易所，所有人都在观察着他的举动，好紧随而动。他非常清楚地知道人们的这种心理，并反向利用了这种心理。他是怎么做的呢？他故意做出了抛售英国公债的举动，意在告诉大家：对，正如你们料想的那样，英国

战败了，拿破仑胜了，现在你们可以和我一样抛售英国公债了。

股民们透过他的举动显然也领会到了他想表达的"言外之意"。因此，所有人都跟着他抛售了英国公债，导致英国公债出现暴跌。内

滑铁卢战役配图

森·罗斯柴尔德等的就是这个时机,他趁着大家纷纷抛售英国公债的这段时间,以低廉的价格将这些被抛售的英国公债收购。结果他购买这些公债仅仅花了2500英镑,但最后却足足翻了2500倍,因此大赚了一笔。这中间竟然有这么大的收益差,不得不让人惊讶。而这笔钱也成了后来的英国大型金融公司罗斯柴尔德公司的启动资金。

也正因为这笔资金，拥有强大资本里的罗斯柴尔德家族开始在欧洲各地扩展自己的事业版图，他们在各地设立银行，将自己的金融版图不断扩大。当然，即便家族成员分散在世界各地，但罗斯柴尔德家族的五兄弟也时常互通信息，因为他们都深刻地知道信息的重要性——信息就是财富。

在这个事件中，我们明显可以看出内森·罗斯柴尔德之所以能够在伦敦交易所"大获全胜"，就是因为信息只掌握在他一人手里，其他股民什么也不知道，双方在信息占有量方面有着绝对的差距，因此它就是一个极其典型的关于信息不对称（asymmetric information）理论的例子，同时也是一个

> **信息不对称**
> 在交易市场中，每个参与者拥有的信息并不相同。

极具代表性的靠着信息优势获取利益的例子。

通过这个历史故事，我们知道了信息的重要性，也知道了掌握期待心理并学会利用这种心理的重要性。要知道掌握这些知识对生活在不确定世界里的我们来讲是多么有用的智慧啊！

人们对待危险的态度

经济学中有两个概念，"不确定性"和"风险"。有些经济学家会将这两个词语视为同一概念，但有一些经济学家则会将它们区别开来。不确定性是指经济行为者在事先不能准确地知道自己的某种决策的结果，也就是没有概率可以计算的事件；而风险指的是有概率可以计算的事件。举例来说，彩票就属于风险，因为购买者事先就能知道彩票中奖的概率。

我们都知道每个人的喜恶偏好是不一样的，所以面对同一场赌局，有的人会非常积极地参与，但有的人则相反。对于这类人来讲，即便在这场赌局中占据优势地位，他们也不会参加，因为在赌局中总归有不确定性因素的存在。

我们在第一章中提到了漫画《鲁邦三世》中有一个叫"明日报"的东西，通过它就可以事先预知比赛的输赢，但不幸的是，我们的现实生活中并没有这么神奇的东西存在，因此对于充满不确定性的赌局来讲，输赢或许最终只能看一个人有没有运气。下面我们看一段有趣的电影情节。

有一部非常有名的科幻冒险电影，名为

《80天环游世界》,这部电影是根据法国科幻作家儒勒·凡尔纳(Jules Gabriel Verne)写的小说《80天环游世界》改编的,由英国国宝级演员戴维·尼文(David Niven)主演,可以说是一部非常经典的公路电影[①]。

> **事象**
> 指可以用眼睛观察的事物和现象。

这部电影的名字叫作《80天环游世界》,顾名思义就是要在80天之内完成一场环球旅行,起因是主人公和朋友打的一个赌。我们乍一听,觉得这好像不是很难的事情啊,但是要知道在当今交通如此发达的情况下,一名24岁的年轻女性也历时足足94天才完成了一场环球旅行,更何况当时连飞机都没有发明出来。由此可见,在这种背景下完成一

---

① 指将故事的主题或背景设在公路上的电影。——编者注

场环球旅行并不是一件容易的事情。

这部电影的结尾可以说是非常有趣了。主人公历经千辛万苦、多番周折，终于完成了环球旅行，但所用天数却比80天多了5分钟，因此主人公感到非常沮丧。可是当他用报纸确认日期后才发现，距离约定时间竟然还有一天，也就是说他用79天完成了这场环球旅行，他感到很惊讶，心想这是为什么呢？啊！原来是因为他绕地球转了一圈，经过了国际日期变更线，所以少了一天，让他赢了赌局。

像影片男主人公的这种打赌游戏其实往往存在着很多不可控的风险，所以这种游戏通常是不公平的。最公平的打赌就是我们常说的抛硬币，假设自己和朋友两个人要玩抛硬币这个游戏，事先就约定好，如果是正面就算自己赢了，朋友就要支付给自己10000韩元（折合人民币大约为60元）；反之，如果是反面的话就算朋友赢了，自己同样也要给朋友10000韩元。但是这个游戏真的是一个完全公平的游戏吗？这个游戏会不会对其中一方不公平呢？

完全不会出现这种不公平的现象，除非这个硬币及其特殊，比如它能直立，或者它被人偷偷掰弯了，只有在这种极其特殊的情况下或许才会打破这个定论。如果没有这种特殊情况，那么抛硬币就是绝对公平的打赌游戏，因为正反面出现的概率都是50%。接下来我们换个角度讨论一下这个问题，比如我们在这个抛硬币的游戏中预期收益（expected income）是多少呢？

答案很简单，为零。因为正反面的概率各

为50%，所以预期收益为零。也就是说，我们参与这次打赌的预期收益和我们不参与这次打赌的收益是相等的，都为零，因此这个游戏是公平的游戏。

> **预期收益**
> 预期收益也称为期望收益，是指在没有意外事件发生时根据已知信息进行预测能得到的收益。通常未来的资产收益是不确定的。不确定的收益可以用多种可能的取值及其对应的概率来表示，这两者的加权平均，即数学期望值，就是资产的预期收益。

在现实生活中，我们依据人们对风险的偏好将人群主要分为以下三类：第一类是既不回避风险，也不追求风险的人，他们一般具有"无差异偏好"的特征，通常被称为风险中立（risk neutral）者。

第二类是对风险持明显的规避态度的人，他们偏好安全性。对这类人来讲，如果他们有3000韩元（折合人民币约为16元），他们绝不会参与这个打赌游戏，尽管预期收益是0，也

48　◆ 乔治·阿克洛夫:"柠檬"市场

就是这个游戏是公平的。因为在这类人眼中，握在手里的切切实实的3000韩元比虚无缥缈的、充满不确定性的3000韩元要更好、更切实际。这类人通常被称为风险规避（risk averse）者，现实生活中的绝大多数人都属于这类人群。

第三类人，就是我们常说的赌徒，他们不仅对公平游戏狂热，对不公平游戏也会疯狂追求，这类人一般被称为"风险偏好（risk loving）者"或"风险追求者"。

彩票的经济意义

我们都知道彩票的中奖概率是很小的，因此我们买彩票的钱其实就相当于打水漂了。所以有些国家就将彩票业纳入政府的管控对象里，进而能够从中获得巨大的收益，增加国库收入，因此也引得许多国家纷纷效仿。

此外，还有一些关于彩票中奖的故事，简直让人啼笑皆非。在英国有一位奇葩男性，他买了一张彩票，放在了自己的口袋里，然后将这件衣服送往洗衣店清洗，忘记将这张彩票拿出来了。后来他发现自己中奖了，联想到自己失去了巨额财富，他悔恨不已，渐感承受不了这份悔恨，最后竟然开枪自杀了。

此外，还有几件有趣的事情。在德国，有一个小孩买了一张彩票中奖了，便让自己的妈妈去代领这份巨额奖金，但是被相关人员拒绝了，因为在德国，儿童没有购买彩票的权利。

有一个美国人买了一张彩票，但他将这件事给忘记了，后来知道自己中奖了，他便找到相关机构去领自己的这笔奖金,因为在美国只要是中奖一年内都可以领到彩票的奖金。但是他来到相关机构后却被告知,这笔奖金因为超过了规定日期一天,所以他不能领到这份巨额奖金了,最终他错过了这笔从天而降的巨额财富。

还有一个例子,和前面几个例子稍微有些不同。有个人买了一张彩票后到饭店,他对服务员许诺,"如果我中奖了,我会把奖金分你一半"。结果他发现自己真的中奖了,然后他如约将自己的奖金分给了服务员一半。这样的事情简直闻所未闻,太神奇了。

在美国,有段时间因为彩票中奖的人很少,所以彩票生意有些冷清。这时候彩票机构就将奖金翻倍,果不其然,彩票生意蒸蒸日上，彩票店门前排起了长长的队，甚至有人宁愿站着等一个小时也要买彩票，因为人们纷纷做着"一定会飞黄腾达，自己就是那个幸运者"的白日梦。他们认为只要自己中奖了，人生就注定会变得辉煌。因此，一时间很多人纷纷加入这支排队大军，彩票店门前人来人往，好不热闹。

但是，根据美国的著名杂志《美国新闻与世界报道》（*U.S.News & World Report*）的调查，在近几十年的彩票中奖者中，有3/4中奖者的寿命甚至连平均寿命值都达不到。

原因当然有很多，但普遍原因主要有两个。首先，毒品。要知道中奖的人获得了这份巨大的财富后，当然会肆意挥霍，让自己享受豪华奢侈的生活。就这样，他们的意志在无意中慢慢变得薄弱，最后将自己的手伸向了海洛因。

其次，就是没有人生的奋斗目标。这些人中奖后大多数都会选择不工作，每天闲着，无所事事，最终消磨了自己的意志，荒废了自己的人生。

如我们在前面的报道中看到的那样，彩票中奖不仅没成为他们幸福的起点，反而成了不幸的源头，让他们的生活变得一塌糊涂。看了这样的调查报道，我们或许会恍然大悟：原来我们每天忙忙碌碌的生活竟是这么珍贵，又是这么幸福啊！

前面讲了一些中彩票的例子，接下来我们从经济学角度来分析下彩票的意义。我们都知道买彩票的大多都是不太富裕的人，毕竟有哪个已经是富豪的人会去买彩票呢？用脑子想想都知道不可能。不信的话我们来看下彩票店的地理位置就知道了。

我们都知道美国的博彩业非常发达，其中像纽约这样的大都市里就有很多彩票店，但仔细观察后我们会发现，这些彩票店大多开在贫困的移民者和非法滞留者聚集的地带，也就是通常我们所讲的贫民区，一些富人经常活动的区域或者一些高档酒店聚集区反而往往是没有彩票店的，就比如著名电影《小鬼当家》的取景地之一——美国广场酒店，在这所酒店周围我们几乎找不到彩票店。而且纵观全世界各个国家来看，彩票店普遍分布在地下通道、地铁站以及公交车站附近。除了先天的地理位置优势之外，这些地方都属于普通老百姓经常活动的区域。

通常来讲，彩票的发行机构一般是国家或者地方政府。但是为什么要发行彩票呢？理由很简单——为了获得更多的国家财政收入，因此国家经常会发行一些住宅彩票或者奥运会彩票等，目的就是获得更多的财政收入，用于维持国家的正常运转。从国家的角度来看，彩票的收入其实就相当于税收收入，但这和一般的税收体系有些不同，一般来讲，在正常的税收体系

> **税收**
>
> 国家为了向社会提供公共产品、满足社会共同需要，按照法律规定的方式参与社会产品的分配，采用强制手段无偿取得财政收入的一种规范形式。
>
> **累进税制**
>
> 指税率随着课税对象的数额或相对比例的大小而分级规定，且逐级提高的一种递增等级税率制度，又称"累进税率"。在这种税制下，收入水平越高，纳税额越多。
>
> **逆进税制**
>
> 与累进税制相对，指随着课税对象的数额或相对比例的大小而分级规定，且逐级降低的一种递减等级税率制度。这种税收制度对高收入阶层有利，但对低收入阶层却不利。

里，无论哪个国家都是穷人交的税少，富人交的税多，但到了彩票这儿就截然相反。

> **投机心理**
> 即侥幸心理，一种希望获得理想化效应的想法。

因为在这种一般的税收体系中，往往使用的是累进税制（progressive tax），这种制度就比较公平，可以实现"收入的再分配"。但是根据我们刚才讲述的案例可知，购买彩票的大多数人都是普通老百姓，也就是说这便成了国家主要从穷人的口袋里拿钱，而不是从富人那里拿钱，因此从税收的公平性原则来看，国家的这种行为是违背了这一原则的。假设将国家这种通过发行彩票来向普通老百姓征集财政收入的行为放进税收体系中，那么这种税收行为运用的就是逆进税制（regressive tax）。因此，关于国家的这种财政行为是否合理就引起了外界很多热议，大家各执一词，互不相让。另外，彩票的发行还存在一个缺点，就是这种行为容易助长人们的投机心理，所以鉴于这种非议以及容易助长投机心理的缺点，有很多国家是不发行彩票的。

塞万提斯的智慧

现在我们再来分析一下前文中小摊贩的情况，假设这名小摊贩决定明天出摊只带雨伞，不带墨镜，也就是说如果明天下雨，这名小摊贩的收入就为100，如果晴天则收入就为0。那么他的预期收益应该怎么来求呢？

预期收益的算法就是针对该事件可能会出现的所有情况各自的概率乘以各自所对应的收

益，然后再将它们相加，得出来的就是预期收益。以该情况为例，计算过程如下：

（1）预期收益=（1/2×0）+（1/2×100）=50

如果这名小摊贩明天出摊只带墨镜，不带雨伞的话，预期收益的算法同上。我们会发现两者的预期收益同样多，都是50元。可是如果小摊贩明天决定将墨镜和雨伞各带一半出摊会怎样呢？如果明天下雨，他就能靠卖雨伞获得50元，如果晴天，他也能靠卖墨镜获得50元，所以无论明天天气怎样他都能获得50元的收入，那么它的预期收益是多少呢？算法同上。

（2）预期收益=（1/2×50）+（1/2×50）=50

我们发现它和前两种情况的预期收益是

一样的，但是这三者之间存在理论上的绝对差异，前两种情况是确确实实的预期收益，是在无法预测天气情况下得出来的理想收益。但是后者是通过投资组合，分散投资风险得出的结果，也就是说，后者在一定程度上消除了天气的不确定性这一不利因素，可以保证小摊贩能够确确实实地获得收入，但前两种情况却不能如此。也就是在确定性的预期收益和不确定性的预期收益中，我们应该选择哪个呢？大部分人应该都会选择确定性的预期收益吧。

所以人们才会在遇到事情时先考虑不确定性因素，想方设法弱化乃至消除这些不确定性因素。再加上消除这些不确定性因素对我们的精神方面也是非常有利的，可以减少我们的焦虑，让我们不用再为这些不确定性因素劳心伤神，会大大提高我们办事的效率，对这个小摊贩亦是如此。这种行为就是规避风险的行为，也被称为"确定性原理"或者"塞万提斯的智慧"。用一句著名谚语来讲就是"一鸟在手，胜过双鸟在林"。相比于那些虚无缥缈的诱惑，握在手里的东西才是最重要的。

难以做出理性选择的原因

在经济学家们看来，只有生产者和消费者所做出的经济行为是合理的，双方才可以做出将自己利益最大化的理性的经济决策。但是要想做出理性选择就必须要坚持一个原则，那就是一贯性原则，也叫连续性原则。那么这个连续性原则到底是什么呢？它有什么含义呢？

我们在遇到事情的时候，肯定会出好几

套方案，假设这个时候准备了两套方案，而我们在这两套方案中做选择的时候肯定有先后顺序，也就是有自己的一个偏好，然后等到我们再遇到别的类似的事情需要做出选择时，这种偏好顺序依然不会改变，这就是所谓的一贯性原则。在涉及经济行为时，如果丢掉了这种选择的一贯性，就很有可能会使得该经济行为主体无法做出正确的决策或者合理的预测。

可能大家仅仅只靠这种抽象的说明理解起来有些困难，下面我们通过一个关于经济选择的实验来帮助大家更好地进行理解。这是两位知名的学者合作完成的一个实验，他们分别是丹尼尔·卡尼曼（Daniel Kahneman）和阿莫斯·特沃斯基（Amos Tversky）。

卡尼曼实验

丹尼尔·卡尼曼，著名的经济学家和心理学家，2002年曾获得诺贝尔经济学奖，他使得人们成功认识到了实验对于经济学的重要意义，同时他也是实验经济学的开拓者。他还将经济学和心理学结合起来研究，成为这一新领域的奠基人。

特别是他和斯坦福大学的心理学教授阿莫斯·特沃斯基共同合作，针对经济选择这一主题，利用实验方式做了很多的研究。但是，按照以往的传统观点，经济学乃至整个的社

假设
假设是运用思维、想象，对所研究的事物的本质或规律的初步设想或推测，是对所研究的课题提出的可能的答案或尝试性理解。

结论
从逻辑学来看，结论是从一定的前提出发，经过推论得到的结果，既对事物做出的总结性判断。

模拟实验
指通过模拟有关情境，探寻有机体在此种模拟情境下的心理和行为反应，以及根据此类观察结果进行推论的研究方法。

会科学都被视为不可实验的科学，比如让你研究某一历史革命事件引起社会变革的原因及结果，难不成还要通过实验来研究吗？

虽然听起来有些荒谬，但实际上我们虽然无法对结果进行试验，因为革命结果早已成了既定的历史事实，然而，我们却可以通过这种假设性实验，对事物做出结论判断。对于经济学来讲也是同理，我们无法对经济政策的结果进行实验，因为它已经成了既定的事实，但我们可以对经济理论进行模拟实验。现在我们来正式介绍一下这两位学者所做的经济实验，其研究内容为，在未知的情况下，随着危险度的变化，人们的偏好体系会产生什么样的变化，实验对象主要为哈佛大学的本科学生。

实验道具为从 A 到 E 的五张卡片，如图2-1，

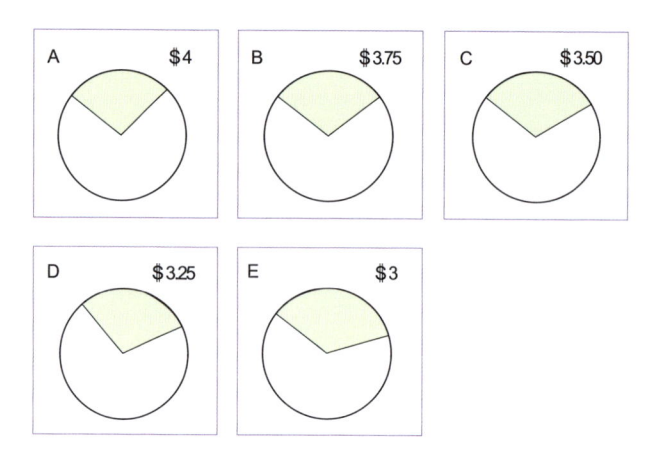

图2-1 作为实验道具的五张卡片

每张上面画了一个同等大小的圆,只不过每张卡片上的圆中阴影部分所占面积不同,从A到E阴影面积逐渐增大。然后卡片背面标注了金额,金额大小和阴影面积成反比,也就是说从A到E,圆中标记的区域越来越大,但是金额却依次递减,每张卡片比前一张减少0.25美元。实验要求学生随机抽取两张卡片之后任选其中一张，然后以扔飞镖的方式来玩一个游戏，用飞镖射中卡片的阴影部分即可获得卡片背后标注的奖金数额。

实验结果显示，学生们的选择很多样，有从头到尾一直偏好选 A 卡片的，也有偏好选择末尾 E 卡片的，还有选择中间 C 卡片的，除此之外还有学生选择其他卡片的，当然这次实验并没有规定这些卡片的正确顺序是什么，因此在本次试验中，学生们只是依据自己的喜好做出了选择而已。具体实验结果如下所示：实验对象总共 10 名，最后得出的结论虽然不是符合每个学生的选择，但至少有八成左右的学生是有这样的一个选择倾向的，即卡片 A 和卡片 B 相比，学生们更倾向选择卡片 A；卡片 B 和卡片C相比，大多数学生更倾向于选择卡片B；同样，在卡片C和卡片D中，以及卡片D和卡片E中，学生们都更倾向于选择前者。实验结果到这儿或许已经能够构建起偏好体系了，但是直到遇到了卡片A和卡片E——按照前篇的逻辑，学生们应该会选择卡片A，但是事实却正好相反，学生们大多数选择了卡片E，也就是后者。依据刚才的结果搭建起的偏好体系到这里就崩塌了，谁也搞不清楚他们到底喜欢哪张卡片了。

这个时候不禁有人推测，会不会是因为学生们缺乏经济理性而导致他们无法做出合理的判断呢？显然不是，作为哈佛大学的学生，怎么会没有做出逻辑和理性判断的能力呢？那么这到底是为什么呢？为什么他们会做出这样的选择？

两位研究者丹尼尔·卡尼曼和阿莫斯·特沃斯基教授认为学生们这种看似不理性的选择，其实也是有理可依的。通过 A 和 B 两张卡片二位学者大体推断出了这个游戏的一个逻辑规则，因此在比较两张阴影面积几乎相同的卡片时，学生们大体上都倾向于选择奖金大的前者，也就是说呈现出了 A＞B＞C＞D＞E 的一个偏好趋势。

但是为什么在对 A 和 E 两张卡片做出选择时他们却选择了后者呢？明明前者的奖金更丰厚啊！其实是因为在 A 和 E 中，显然后者被飞镖射中的概率更大，因此他们选择了 E。也就是说，学生们所做的选择看似打破了一贯性的原则，但也不一定是不合理的选择。

丹尼尔·卡尼曼和阿莫斯·特沃斯基的另一个实验

下面我们来看一下丹尼尔·卡尼曼和阿莫斯·特沃斯基做的另一个实验。和前面一样,依旧是让学生们在两张卡片中任意选择一张,规则仍是通过投飞镖的方式来操作,而和前面不同的是,教授只给了每个人 A 和 B 两张卡片,如图2-2,两张卡片和前面的也有所区别,卡片 A 的阴影区域大概占了1/3,卡片 B 只画了一条线。此外,如果选择了卡片 A,就得像前

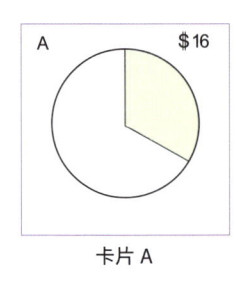

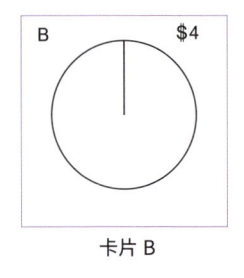

图2-2 卡片 A 和卡片 B

面一样投中阴影区域才能得到奖金，金额为16美元；如果选择卡片 B，用飞镖射中除画线部分以外的其他任意区域即可得到4美元的奖金。也就是说，除非太不走运，不然不可能得不到这4美元的奖金。

现在我们来看下学生们都是怎么选择的，他们更倾向于选择哪张卡片呢？以及他们所做的选择是否合理呢？想要知道他们所做的选择是不是合理的，首先就得算出选择 A 和 B 两种情况的预期收益各是多少，然后再进行判断。我们先来看下选择卡片 A 的期待收益：

$$预期收益（A）=（1/3 \times 16）+［(1-1/3) \times 0］$$
$$\approx 5.33 美元$$

然后再看下选择卡片 B 的期待收益。因为只要投中那条线之外的其他任何区域都能得到奖金，所以我们暂且将得奖概率看作99%，然后进行计算。

> 预期收益（B）=（99/100 × 4）+（1/100 × 0）=3.96美元

依据计算结果，显然选择卡片 A 的预期收益是要高于卡片 B 的，所以按这个道理来讲，学生们应该选择卡片 A 才比较合理。但是实验结果显示，选择卡片 A 的学生却很少，有大约 3/4 的学生都选择了卡片 B。那么这种结果应该怎么解释呢？这就牵扯了我们前面讲过的确定性和不确定性的问题，也就是说，学生们不选择卡片 A 正是因为虽然预期收益高，但同时也有很大可能性他们会拿不到这份奖金；但是选择卡片 B 就不同了，有高达99％的概率可以得到这笔奖金，所以两者相比，人们更倾向于得到奖金概率高的卡片 B，毕竟握在手里的东西才是属于自己的。

正如我们在前文所提到的，通常来讲，人们在面对充满未知风险的事件时，通常会做出回避的行为，而这种人往往具有风险规避型人格。

偏好传递性实验

前面的实验充分说明了当选项的不确定性因素偏大时，人们往往就无法做出一贯性选择（也叫连续性选择），往往认为这种情况打破了偏好传递性（transitivity of preference）公理。经济学家认为，只有具备了这种偏好传递性，消费者才能做出理性的、一致的选择。

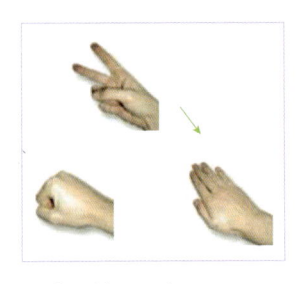

石头、剪刀、布

那么偏好传递性公理到底是什么呢？举个例子简单地说明一下，比如现在有 X、Y、Z 三种方案，如果选择者在 X 和 Y 中选择了 X，在 Y 和 Z 中选择了 Y，在 X 和 Z 中选择了 X，这讲的就是偏好传递性。但是如果选择者在 X 和 Z 中选择了后者，那么这时候显然就违背了偏好传递性的公理，这样的话我们就无法预测这个人到底有什么样的偏好了。它也叫作偏好非传递性公理，典型的例子就是"石头、剪刀、布"这个游戏。在这个游戏中，无法得出人们更偏好哪一个选项的结论，因为这三者之间可以循环，所以偏好传递性公理的前提就是这些对象之间必须建立非循环的关系。

公理
作为推理前提的不需要加以证明的命题。

在实际生活中，像这种没有一贯性选择（连续性选择）的例子还有不少，特别容易从小孩子的很多行动中窥见。比如我们将熊玩偶、狮子玩偶以及鹿玩偶给几个小孩子选择，我们会发现他们的选择根本就是没有逻辑可言的，完全是随机的选择，因此也就没有什么连贯性可讲。

下面再讲一个关于这种传递性公理的例子。比如有人讲过比起加糖的咖啡他更喜欢黑咖啡，也就是对他来讲，咖啡越不放糖他越喜欢，因此我们现在就用 n 杯咖啡来做个试验。

给每个咖啡做如下标记，第一杯就是 X_1，第二杯就是 X_2，以此类推，一直到 X_n。每杯咖啡和前一杯咖啡只相差了一粒糖粒儿，就这样到了最后一杯，我们放了一整勺糖。这个时候拿出第一杯咖啡和第二杯咖啡给实验对象品尝，大多数人的回答都是"这两杯咖啡的味道差不多"或者回答"味道一模一样"。此后再拿着其他相邻的两杯咖啡给他们品尝，回答也是一样的。而在这个时候，如果我们拿第一杯咖啡和最后一杯咖啡给这些人品尝，他们肯定会尝出差别所在，因为加了满勺糖的咖啡和不加糖的咖啡的味道还是有很明显的区别的，于是，这个时候就出现了引起偏好体系产生偏差的因素，从而使得传递性公理被打破了。

扩展知识

贤明妻子的理性预期

未来是充满不确定性的,但是我们仍然可以对此做出预期,尤其在涉及经济行为时,这一点至关重要。下面我们介绍一个人们通过对未来的理性预期竟然获得了巨大经济利益的例子。

罗伯特·卢卡斯(Robert Lucas)是美国著名的经济学家,同时也是芝加哥经济大学的教授,他是理性预期理论的创立者,也因这个理论在20世纪90年代获得了诺贝尔经济学奖。

在获奖之前,他正在与妻子丽塔协议离

婚。但在签订离婚协议的时候，丽塔却提出了一个非常有趣的条款，她提出假如罗伯特·卢卡斯获得诺贝尔奖就要分给她一半的奖金。对丽塔来讲，她看到了卢卡斯的实力，认为他是有很大概率得奖的，并对此做出了理性预期。后来果然不出她所料，罗伯特·卢卡斯获得了诺贝尔经济学奖，而丽塔也分得了这笔奖金的一半，足足有几十万美元！我们通过这件事足以看出这位（前）夫人不简单。

在充满不确定性因素的情况下……

该吃呢？还是不该吃呢？

在期待心理的带领下，源源不断的民众加入了。

这种情况该怎么办啊？无论做出什么选择都是有风险的。

该怎么选择呢？对了，预期收益，可以通过计算预期收益来做出选择。

不确定性因素越多，偏好传递性发生的概率越小。

哎，到底该不该跳啊，会不会有危险啊？

偏好传递性能否继续在于每个人对风险的看法。

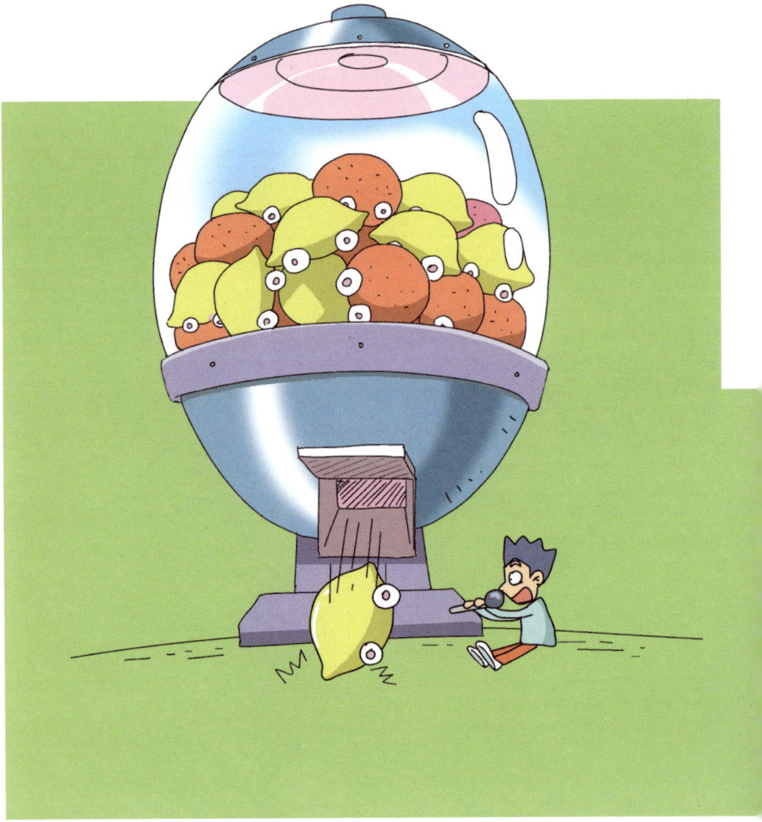

第三章

二手车市场和"柠檬"市场

"柠檬"市场指交易双方在市场中往往存在信息持有量不对等的情况,比如在通常情况下,卖方比买方对产品质量拥有更多的信息,这种现象又被称为信息不对称现象。在市场中,这种信息不对称往往会引发很多问题,下面我们用"柠檬"市场模型来分析这些问题。

模型与经济理论

大家现在应该很清楚,如果在不确定的情况下,比如消费者在对产品信息不甚了解的情况下做出的选择往往会伴随着许多未知的风险,从而使得他们做出的选择是不理性的。这便是"信息不对称性"的代表性例子。而可以对它进行充分说明的经济理论就是"柠檬"市场理论。那么现在让我们来正式了解一下这个理论。

"柠檬"市场理论是用二手车市场作为框架，对现实问题进行解读的理论。这种所谓的"框架"又往往被称为模型，我们通过模型可以得出一个理论。下面先介绍一下构建模型对于经济理论的必要性。

　　对于社会学家来讲，他们往往是以社会现象作为研究对象，然后通过对社会现象的观察，发现、总结出一个法则或者规律。

　　比如，我们现在请一位社会学家去研究一个经济课题——商品定价以及商品交换的驱动原理是什么。按照社会学家的调查方式，他们会直接带着自己的研究目的到市场进行调研，直接观察消费者和生产者们的行为。那么问题来了，这样的调查方式能得出本次研究的结论吗？

答案是很难，这种观察就好比是浮光掠影，我们很难通过它来摸清事物的本质属性。理论一词的英文表达为"theory"，词源来自希腊语的"theoria"，"theo"这个词根有"看"的含义，但是这个"theo"和普通的"see"（看）可不是一个意思，后者指的是我们在日常生活中经常做的非常简单的行为——用眼睛看，这个看只能看见事物的表象，而前者的"看(theo)"则指的是看清事物的本质属性。前者和后者的含义有很大的不同，并不能混为一谈。

> **社会学家**
> 是指从事社会学领域研究的具有一定成绩或者一定社会声望的学者、专家、专业人士。他们的研究主要从社会整体利益和相互关系出发，通过社会关系和社会行为来研究社会的结构、功能、发生及发展规律，以提供给社会各阶层作参考。社会科学通常指研究社会现象及其规律的科学，它是一个以社会客体为对象，包括法学、经济学、政治学、社会学、历史学等学科的庞大知识体系。

作家阿瑟·柯南·道尔（Arthur Conan

Doyle)塑造的著名侦探人物福尔摩斯(Sherlock Holmes)以及侦探女王阿加莎·克里斯蒂(Agatha Mary Clarissa Christie)笔下的赫尔克里·波洛(Hercule Poirot),他们在调查案件时靠的并不是在现场翻来覆去地调查,而是靠在脑子里反复假设,直到搭建起一个关于犯罪流程的大体框架模型为止。

阿加莎·克里斯蒂的笔下还有一位人物,名字叫作黑斯廷斯(Hastings),他是我们刚才提到过的赫尔克里·波洛的办案搭档,二人在一起破获了很多案子。赫尔克里·波洛曾经给他的搭档黑斯廷斯说过这样一段话,大致含义如下:你总是让我到犯罪现场反复勘察,殊不知对我而言,坐在椅子上,闭上眼睛,反复构想,更能让我走近案件的真相。赫尔克里·波洛的这句台词充分揭示了"模型"一词的真正含义。

下面我们来看一个和汽车相关的例子。大多数人在看汽车时,会先看这辆车的外观,比如车是什么颜色,有几扇门,是不是皮座椅等。像这样仅仅通过观察车的外表来了解甚至判断车的质量显然是不可取的,车作为人的代步工具而被发明,而真正可以阐述"代步"二字的内部装置应该是发动机,发动机的质量决定一辆车的好坏,因此只通过外观是看不到车的本质属性的,要想知道它应该打开引擎盖对发动机进行分析。这种行为用专业名词来讲就是将其模型化,科学家们通常就是先制作出模型,然后在这个基础上将模型上升为理论。

建立"模型"其实不难。这就好比医生为

了了解病人的病情会先让病人做医学影像检查，通过 X 光才能知晓病人内部的身体情况。比如医生通过 X 光片可以了解病人的脊椎和关节的情况，而这些情况只观察人的外表是没有用的，反而还会阻碍医生了解事物的本质。所以在拍摄 X 光片时，医生会让病人脱掉衣服，摘掉首饰，正是因为这些物品可能会使得 X 光片拍得不准，不利于医生了解病情。与其让这些不必要的因素混淆视听，倒不如直接将它们移除比较好。

通过这个例子我们可以知道，想要建立模型，首先就要将一些不必要的因素删除，然后对关系到事物本质属性的核心因素进行分析，即找出其中的因果关系并进行抽象化，比如想要分析一辆车就必须对车的发动机进行分析，

第三章 二手车市场和"柠檬"市场

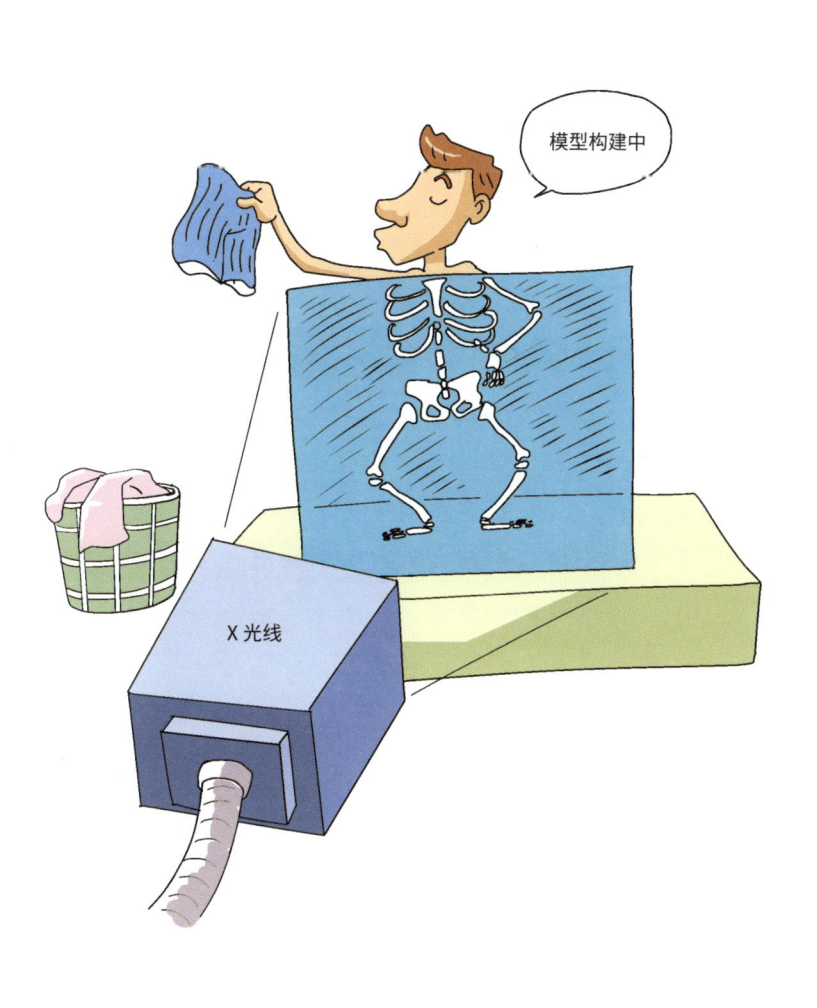

因果关系

当不同事物之间的关系属于引起和被引起的关系时，就称为因果关系。

这一点至关重要。这个所谓的抽象化就像是刚刚提到过的拍摄 X 光片，其呈现出来的内容就是抽象化的，因为它和我们实际的身体内容并不是完全一样的，只是实际内容的一个缩影。

然而，这种抽象化的模型在实际生活中是并不存在的，那么问题来了，既然它并不存在于我们的现实生活中，那为什么众多的经济学家或者科学家们还要建立这样的模型呢？因为通过模型，他们可以更好地了解市场的本质属性。

理论的作用

理论的存在就是为了阐明现象，无法解释现象的理论是没有意义的。就像原因和结果的关系一样，有因必有果，两者紧密相连，用原因可以推出结果。和因果关系的逻辑一样，理论和现象的关系也是如此，我们通过理论可以推导出未来会产生什么样的现象。下面我们借一个例子对其进行说明。

想象一下，远古时代的人们第一次看见闪电会是怎样的反应呢？当然是惊慌失措了，他们会慌忙跑到祭司那里询问原因，那个时代的祭司们通常会怎么回答呢？他们会告知部落的民众：或许是因为你们给山神的祭礼太少了，惹得山神发怒了。部落的民众觉得这个理由可以充分解释这个现象，他们就被说服了。在这个过程中，我们显然可以发现祭司已经完成了一次理论的建设，即由于人们给山神的祭礼太少，所以发怒的山神就用闪电来警示人们。依据这个理论人们就会推测，下一次如果再有闪电出现就是因为大家给的祭礼还不够。到了近代，本杰明·富兰克林（Benjamin Franklin）用电气学的相关知识来对闪电这一自然现象进行了科学的解释。通过前后对比我们可以发现，随着时代的发展，会有许多不同的理论应运而生，也就是说，对同一个现象的解释并不是只有一个理论存在。

比如在实际生活中，用来解释通货膨胀现象的理论就不止一个，既有"成本推动型通货膨胀理论"，也有企图用货币现象来解释通货膨胀的"货币主义的通货膨胀理论"。但是最终要选择哪个理论还是要根据现实情况而定，看这个理论可不可以充分地解释现象，以及和现实到底相不相符。

就好像理论和现象的关系一样，实践是检验真理的唯一标准，因此想要

> **舍弃**
> 指通过观察和实验得出结论，将不符合实验结果的假设丢弃。

看一个理论合不合格，就要看它能不能经受现实的考验，只有经过了这个考验，它才可以被称为理论，在经过考验之前，它只能被叫作假设。如果这个假设未能通过实践的检验，那么它最终只能被"舍弃"。

二手车的性能和价格

接下来让我们正式进入本书频繁提及的"柠檬"市场的故事，"柠檬"市场理论是在《"柠檬"市场：质量不确定性与市场机制》这篇论文中被提及的。该理论被提出后，引起了学界的轩然大波，受到了许多经济学家的热

捧。正如前文中提及的，这个理论甚至还成了不确定性理论的基石。通过论文题目或许大家也可以推测出"柠檬"在这篇论文中的所指的意思应该是瑕疵品的意思，在经济市场中，我们经常会遇到这样的情况，以为某件产品是美味的橙子，实则不然，其实是让人酸倒牙的柠檬，最终使得自己蒙受了经济损失。接下来我们将会借助"柠檬"市场理论来对此类情况进行说明。

此外，该论文研究对象的选定是有前提条件的，即在该市场中，消费者对产品的质量"一知半解"。换句话说，消费者事先无法得知一个产品的质量好坏，他们所持有的信息量与卖家存在绝对差距。所以在该市场中，消费者经常在无法了解到关于产品所有信息的情况下就稀里糊涂地完成了交易。

最符合这类前提条件的研究对象就是二手车市场。我们都知道二手车市场的最大特点就是车辆质量参差不齐,并且除卖家外,所有消费者对这辆车的信息都一无所知,比如这辆车是否曾经出过事故,是否被好好保养等,这些信息我们都一无所知。甚至这辆车是不是被维修过,是不是被重新刷过漆之后被前主人拿到二手车市场出售的,这些信息我们都无从得知。因此,消费者在买车时尽管已经很努力地在认真挑选,但有的时候仍然会被车子"光鲜亮丽"的外表所欺骗,因此"误将玻璃当钻石"的例子在二手车市场时有发生。综上,如果不是对车颇有研究的行家,在二手车市场里是很容易买到"柠檬"的。

正如前文所提到的那样，造成这种现象的原因就是买家和卖家对车子的信息享有量的不平等，买家对车的信息一无所知，而卖家却掌握着关于这辆车的所有信息，比如这辆车的质量如何，它是否出过车祸；等等，关于这些信息卖家都知道。

由于买家和卖家存在着绝对的信息差，用专业术语来讲就是信息不均（信息不对等），因此经济学家往往认为二手车市场是被信息不对称原理所操控的。

所以问题来了，买家和卖家的信息享有量为何会有如此大的差异？卖家为何不和买家共享信息呢？答案很简单，卖家又不是慈善家，他为什么要那么做，有钱谁会不去赚啊！因此卖家

不均
侧重于某个地方。

第三章 二手车市场和"柠檬"市场

是不会轻易将信息告诉买家的，双方之间存在着很高的信息差壁垒。也正是基于这一点，消费者在买车的时候只能通过极其有限的信息来作为依据挑选汽车，因此消费者很有可能会买到瑕疵品（"柠檬"一般的二手车）。

到了这里就有人不禁提议，如果根据价格来筛选车辆呢？以价格为判断基础来衡量车的质量不也很合理吗？听起来确实很有道理，但这并不适用于二手车市场，原因是什么呢？

比如现在有一辆质量非常好的二手车，它的定价可以为600万韩元（折合人民币约36000元），但是这种车的市场均价仅为400万韩元（折合人民币约24000元），如果这个时候卖家给车辆定价600万韩元，它真的会被卖出去吗？

我想答案不言而喻，它是不会轻易被卖掉的。要知道这辆车与市场价相比，可是产生了足足200万韩元的溢价啊（折合人民币约12000元）！这并不是一笔小钱，有哪个消费者会愿意在对车辆信息不甚了解的情况下就承担这么大的风险呢？因此这辆质量非常好的二手车在市场上便成了滞销产品。

再比如将一辆质量不是很好的二手车也放在二手车市场里出售，按照总体质量评估给它的定价为200万韩元会比较合

溢价
消费者实际支付的金额超出了商品的一定价格基础，超出的部分就是溢价。

理，如果此时卖家非常诚实地将这辆车的价格定为200万韩元会怎样呢？

和刚才的情况一样，它也不会轻易被卖掉。因为以市场均价为基准来看，前者高得离

谱，后者低得离谱，都无法轻易让消费者信服。消费者看见这辆车的价格如此低会觉得这辆车的质量是不是有什么问题，毕竟每个人脑子中根深蒂固的观点就是"便宜没好货"，于是便打消了购买这辆车的念头，所以最终这辆劣质车也成了滞销产品，无法被卖掉。

所以最终不管车的质量如何，卖家直接就给所有二手车统一定价为400万韩元进行出售。但是这个时候如果卖家将一辆真实估价为600万韩元的车子以400万韩元进行出售的话，对卖家来讲是很吃亏的，所以卖家通常不会将这些质量好的车子放在市场上卖，而是留着自己用或者卖给自己的亲朋好友。因此最终就导致了一个怪象，市场上只留下了劣质车（"柠檬"），好车全被驱逐了。

综上，在二手车市场，由于信息不对称使得市场无法有效运转，也就是我们常讲的市场失灵（market failure），结果就是，消费者很难在二手车市场上买到好的车子，往往容易蒙受损失。

> 是指通过市场来配置资源并不能实现资源的最优配置。一般认为，导致市场失灵的原因包括垄断、外部影响、公共物品和信息不完全等因素。

> **扩展知识**

马克思的经济理论是不好的经济理论吗

在社会科学中,社会背景对某一理论的提出是至关重要的。如果时代变了,那么这个理论很有可能会由于无法适应时代的变化而被丢弃,变成无用的理论。下面我们就以马克思的经济理论为例对这一点进行说明。我们都知道卡尔·马克思(Karl Marx)是一位非常有名的哲学家、政治家、经济学家、社会学家、革命理论家。他曾经写过一本经典著作《资本论》(Das Kapital),里面包含了他的经济理论。这本书正是他在工业革命之后执笔写的，当时马克思居住在工业革命的兴起地——英国伦敦，所以他见证了工业革命是如何在这座城市兴起的，对这场革命带来的影响有深刻的理解。他发现工业革命以后英国的新兴资产阶级和劳动者之间的阶级矛盾非常明显，《资本论》这本著作便是他在这样的背景下创作的。他在这本书中写道，随着资本积累的增加以及阶级矛盾的深化，投资的收益率也会随之减少，在这种矛盾中，资本主义最终会走向没落。

1929年，马克思的预言得到了应验，西方资本主义国家迎来了经济大萧条。但是紧接着约翰·凯恩斯（John Keynes）的经济理论便进入了人们的视野，凯恩斯提出，西方国家之所以发生经济大萧条就是因为需求不足，所以政府可以通过适当地介入来缓解矛盾。

但即便如此，也不能说马克思的理论就完全没有价值了，这么说是不合理的，要知道正是因为他的这种"悲观预测"才使得资本主义在濒临毁灭的危机中生存了下来。那么问题来了，凯恩斯的经济理论又能否永远"屹立不倒"，永远符合时代背景呢？

当然不会，在20世纪70年代左右，他的理论也受到了很多经济学家的挑战，因为当时全世界发生了通货膨胀的现象，而凯恩斯的经济理论并不能适用于当时的历史背景，所以失去了主流地位，但是2008年的美国房价暴跌使得全世界经济受到影响，全世界再次迎来了经济萧条期，他的经济理论又重新受到了经济学家们的欢迎。由此可见，经济理论的有效性是由经济发展状况而定的，像这种事情没有人可以说得准。

车出过事故，没关系啊，我给它重新刷个漆，就和新车一样啦，哈哈哈哈哈哈！
我想买一辆二手车。
先生请放心购买，本店的宗旨就是绝不卖有瑕疵的车，从我们这儿卖出去的车就没有不好的。
这辆车看起来确实挺不错，和新车一样。但是质量真的很好吗？我也不懂啊，会不会被骗啊？哎……（心理活动）
算了就买这辆车了（心理活动）。老板我要买这辆车，辛苦你了啊。
您眼光真好啊！
一个月之后
嘀嘀嘀……
刚买了不到一个月的二手车就罢工了，停在大街上不动了。
信息不对称使得市场无法有效运转，从而导致了市场失灵。

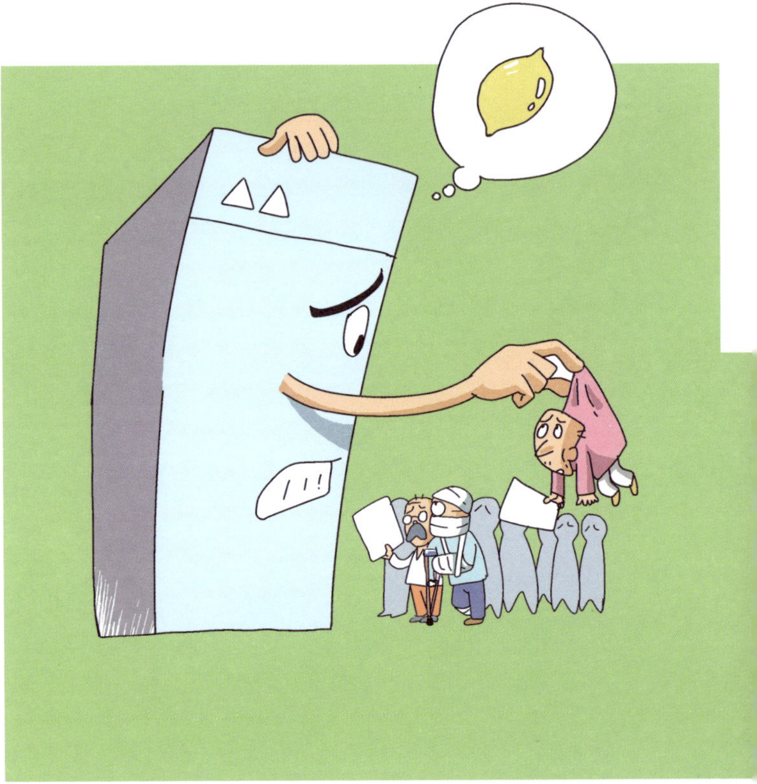

第四章

市场的逆向选择和道德风险

信息不对称性一般分为两类：一类是事前信息不对称，这类指的是隐藏信息和知识的信息不对称，使得选择不易，极易造成逆向选择的问题；还有一类是事后信息不对称，这类是隐藏行为的信息不对称，使得不可控的情况时有发生，即道德风险行为。针对逆向选择和道德风险的问题，我们应该如何避免呢？

保险市场的逆向选择

在前一章节中，我们了解到，买方之所以在经济市场中难以做出理性的选择，其原因正是信息不对称，进而导致买方最后选择的是个"柠檬"（瑕疵品）。在经济学中，这种非理性选择就叫作逆向选择（adverse selection）。逆向选择不仅会出现在二手车市场，还会出现在保险市场和劳动力市场等。现在我们来举个保险市场的例子对此进行简单说明。

现在请假设自己要作为保险公司的一方来选择客户，我们首先肯定要将那些信用差的客户排除，还要尽可能地挑选出不轻易发生事故的客户，这样就能减少保险金的赔付，从而增加收益。但是想要将想法付诸现实却并不是一件容易的事情，因为我们是无法完全将那些信用差、道德品质低下的客户排除在外的。举个关于生命险的例子，如果卖生命险的保险员要挑选客户或推销保险产品的话，他肯定会选择健康的客户作为推销对象，因为只有这样才能减少保险赔付。

但是很可能有些知道自己不久将会遇到危险的人也想购买保险产品从而获得保险公司的赔付，可是他们却不会将自己的情况预先告知保险员。站在保险公司的立场上，他们很不希望遇见这类热衷于"搭便车"的客户。因此保险公司在挑选客户时会设定一个"门槛"，即甄别机制，否则保险公司不知道要赔付多少保险金。

像前面提到过的保险员挑选客户的行为就属于逆向选择。根据"柠檬"市场理论，在保险市场中，这样的客户就是"柠檬"。这正如二手车市场中买方和卖方的行为一样，卖方不会将车辆的全部信息告知买方，因此买方的信息获取量极少，双方的信息不对称。保险公司和客户之间的关系也是如此，如果客户不告知自己的真实情况，保险公司是很难获得这些信息的，因此保险公司也经常会做出逆向选择。为了防止自己做出这样的逆向选择，保险公司便设置了过滤"柠檬"的甄别机制，尽量使自己可以掌握关于客户的更多信息，减少信息不对称性发生的概率。

比如客户要加入生命保险就要提供健康诊断书，因为保险公司通过健康诊断书可以获得客户的所有健康信息。再比如保险公司在选择客户时还会对年龄有所限制，鉴于年龄和死亡率之间的相关关系，尽量不让年纪大的人加入保险，即使要加入也要收取更多的保险金才能同意加入。除此之外，为了将前面提到过的预计自己不久将会遇到危险的这类客户筛选出来，尽可能地保障保险公司的利益，保险公司会在条款里附加这样的内容：自加入保险之日起，该保险在一年或两年后才会生效。但这些内容会用极小的字体标识，不会让人轻易找到的。

其实前面提到过的二手车市场也设置了一些甄别"柠檬"的机制，比如卖方要出示证明车质量的车检证明，规定了在一定时间内客户可以享有维修服务等。市场通过设置这样的甄别机制可以让买方尽量规避选到"柠檬"。

> **相关关系**
> 在两个变量中，其中一个变量发生变化，另一个也会随之而变。

道德风险

到现在为止，我们看到的都是在签订合约之前，某一方因隐藏信息而致使交易双方中另一方做出了逆向选择的例子。所以为了防止有一方做出逆向选择，往往会设置一些"甄别"机制。尽管

> 由事后信息不对称引起。即在合约签订后隐藏自己的行为，使得不可控的情况时有发生，也叫作道德风险。道德风险也是导致1997年韩国金融危机的重要原因之一。

如此，也还是存在着信息不对称的问题。因为双方中有任何一方隐瞒自己的行为都是有可能实现的，这在经济学上叫作道德风险（moral hazard）。

与此相关的典型例子就是美国经常发生的偷盗事件。有段时间，美国经常发生偷盗车内音响以及CD播放器的事件，甚至有的时候偷盗者会强行破开车门、车窗实施犯罪行为，所以人们在纽约经常会看到有的车上贴着"SORRY NO RADIO"（对不起，车内没有音响设备）的标语，意在告知偷盗者车内没有音响，祈求他不要打碎玻璃，强行进入车内。

为了防止这类事件的发生，一些汽车甚至安装了可拆卸的音响设备。有了它，只要司机下车就可以将音响拆卸下来，扛在肩上，等到上车时再安装上。

像纽约这样的大都市，它的犯罪区和安全区泾渭分明，如果在安全区域内停车是不会被盗的，但是在纽约找到安全的停车场难如登天，于是司机们就只好另寻他法。比如他们会在收费昂贵的停车场停车，但是还有一些人承担不起如此昂贵的停车费，就只能花费大量的时间成本，开着车一直在周围乱转希望能找收费比较便宜的停车场。如果既不想支付高昂的停车费，也不想付出时间这一"机会成本"，那么就只能将车停在比较危险的、容易发生偷盗事件的区域内。尽管停在这儿，司机们也不能眼睁睁地看着自己的车子被盗，总得采取些防盗措施。显然，购买全车盗抢险不失为一个好的解决对策，既能让自己不用支付高昂的停车费，也不用付出很多时间成本来寻找位于安全区域内的停车场，自己可以随意停车，即使将车停留在危险区域内也不用担心被偷或者遭受损失，因为如果发生了意外，保险公司会赔付。显然，在以上提到的几种方案中，购买车险是最佳的解决方案。

加入车险虽然可以最大限度地保全自己的利益，尽最大可能来减少自己的损失，但是也要通过定期支付保险费用才能使保险生效。那么加入保险的客户和保险公司存在的事后信息不对称问题是什么呢？为了更直观地了解，我们先来看一下这些司机在加入保险后都

> **机会成本**
>
> 指企业为从事某项经营活动而放弃另一项经营活动的机会，或利用一定资源获得某种收入时所放弃的另一种收入。另一项经营活动应取得的收益或另一种收入即为正从事的经营活动的机会成本。企业应选择实际收益大于机会成本的经营项目，从而使有限的资源得到最佳配置。

做出了什么样的行为。

　　加入保险后的司机们不再花心思去找安全的停车场了，不管停车场的收费便宜还是昂贵，司机们都不找了，开始非常随意地停车，即便在危险区域内也照停不误。在这些司机心里，不管怎样，哪怕车被偷了自己也不会遭受损失，因为保险公司会赔付。在这种情况下，保险公司除了支付保险金又能怎么办呢？只要这些司机们不如实地告知保险公司自己的行为，保险公司就无从得知，更何况保险公司也无法对他们的行为进行一一监控，所以这个时候双方就又出现了信息不对称的情况，一方隐藏自己的行为，另一方无从得知，从而使得道德风险问题初显。

　　可是随着司机们的行为越来越得寸进尺，

得找个地方停车，停哪里好呢？要是停在这地方，有点危险啊，容易被偷……没关系！我给车买保险了，哈哈哈！
太好了！我找到“猎物”了。

许多人纷纷效仿，道德风险倾向越发明显，保险公司的处境越来越被动了，需要赔付的保险金越来越多。这个时候保险公司就得赶紧想方设法来减少自己的损失了，能怎么办呢？只能提高保险价格了。毕竟保险公司又不是慈善机构，他们也需要挣钱。但是如果这么做的话，结果是什么呢？由于部分司机的失德行为使得所有人来承担后果——支付高昂的保险费，但是在这些保险客户中除了那些投机主义者还有一些人自始至终都很遵守规则，没有生出过这种"龌龊"心思或投机心理，现在他们却要为那些失德者的行为买单，不是很委屈吗？如果这些投机主义者能够像之前一样停车，不钻空子，那么就不会使保险价格上涨了。最终，一部分人的失德行为使得全社会为之买单，而自己也没有获利多少，还得支付上涨的保险费用，真是作茧自缚。

反之，如果做出失德行为的主体不是客户而是企业会怎样呢？比如有些企业对从银行借入的资金的使用漠不关心，不负责任，不努力工作，致使借入资金发生了损失。等到资金周转不开时就再找银行贷取更多的资金来填补空缺。再加上银行也不负责任，不加调查就将钱借给了这些公司，抑或有些公司还会走后门，贿赂一些高官从而使银行不得已将钱借给他们。由此而见，企业和银行的关系会变得越来越近，任由这种趋势发展下去，会使双方慢慢都陷入经营不良的沼泽里难以脱身。如果在这种背景下，企业因经营不善导致破产清算会怎样呢？或许会对全社会的经济都产生消极影响，因为企业和银行这些金融机构关系"亲近"，金融机构肯定会出手相助，从而对全社会的经济都造成了影响。

以2007年美国金融危机为例，美国次级房贷危机爆发后，引发了流动性经济危机，美国众多投资银行和公司都陷入了破产危机，其中美国国际集团（AIG）也陷入了清偿危机。在这种情况下，为了避免美国国际集团破产再给美国经济带来更大的消极影响，美联储向该集团提供了金融救助，将其从濒临破产的危机中解救了出来。

此外，道德风险行为的发出者还可能是政府机关。最近，某些国家的一些地方政府纷纷出现了财

金融机构
包括银行、证券公司、保险公司、信托投资公司和基金管理公司等。同时亦指有关放贷的机构，即发放贷款给客户在财务上进行周转的公司。

政危机，尽管公民上缴给政府的税收金额并没有减少，但各个地方政府几乎都出现了负债的情况，为什么会这样呢？正是因为这些地方政府自身的懈怠，在其位不谋其职，滥用财政资金。每到年末的时候，这些国家的大街上到处都在修路，旁边竖着"施工中"这样的提示牌。另外，如果仔细观察各个市区修建的政府机关大楼，我们会发现这些大楼修建得极其华丽，由此可见，政府机关也会成为道德风险行为的主体。

在现实生活中，作为消费者的我们有的时候也会做出有道德风险的行为，最典型的例子就是信用卡

投资银行（Investment Banks）

是与商业银行相对应的一类金融机构，主要是指从事证券发行、承销、交易、企业重组、兼并与收购、投资分析、风险投资、项目融资等业务的非银行金融机构。

金融救助

金融机关为了救助那些濒临破产的企业客户，会为这些客户提供一些经济上的援助。

债务：频繁办卡、大肆消费、花钱如流水，也不考虑债务问题。这种行为不仅让自己的生活进入一种非正常状态，同时也对国家总体消费水平产生了消极影响。

> 税收是国家财政收入中最重要的收入形式和最主要的收入来源，政府用收取的税金来使国家能够有效运转。

讲到这里，我们对道德风险这个词语应该有了深刻的了解，那么问题来了，应该如何解决这个问题呢？首先我们来看一下保险公司一般是如何对投保人进行赔偿。常见的做法就是保险公司往往会用由多数投保人缴纳的保险费建立的保险基金来补偿少数人的损失。还有就是保险公司会和投保人双方共同分摊损失，保险公司会理赔一部分，剩下的则需投保人自行承担。甚至为了防止投保人做出失德行为，即道德风险行为，保险公司会规定，如果投保人做出失德行为，投保人将承担自己的所有损失，保险公司概不负责，也就是说，这份保险失去了它的意义，从而实现防范投保人的道德风险。

格雷欣法则

在纸币流行之前，人们普遍使用的交易手段就是货币。但在众多的货币种类中，只有金币是使用纯黄金铸造的，所以金币的价值极高。但后来金币在交易市场上慢慢地消失了，为什么会出现这样的现象呢？正是因为人们的贪欲，大家都知道黄金的价值，所以想要将这些黄金收藏起来，不想将这么值钱的金币用来交易，所以就有人暗自铸造了一些劣币用于交易，因此可以说，劣币的产生同样也是由于人们的贪欲。这种铸造劣币的行为在某种程度上已经不属于道德风险问题，而属于法律方面的问题——这无疑是一种违法行为。

下面我们来看一下黄金的属性。与其他金属相比，黄金质地柔软，极易锻造和延展。所以除了作为交易手段，还能用于珠宝装饰。如果我们去参观欧洲大教堂，就会发现有一些顶棚是圆形的，而且金光闪闪，这便是用黄金制作而成的。另外，如果我们有机会在晨曦中参观耶路撒冷古都的一些寺庙，一定会大为震撼，晨曦中的穹顶绚烂夺目，极为壮观，这些建筑都是利用黄金的特有属性制造而成的。

同时也正是由于黄金的这些特有属性给了一部分人可乘之机。在铸造金币的时候，人们会从一些金币上削掉一部分，收集起来，然后将被削的金币和其他金属比如铜进行融合，铸造成劣币，最终这些"柠檬"货币在市场上流通开来，纯金币逐渐退出市场。

如果越来越多的人都用这种方式来铸造货币，恐怕市场上流通的就只剩下了这些劣币，这便是格雷欣法则（Gresham's Law）中所谓的"劣币驱逐良币"。前面提到过的保险市场和二手车市场都出现了这样的现象，也都和这个法则中提到的内容相符。二手车市场中由于信息不对称，使得"柠檬车"在二手车市场逐渐流通，最终将优质车辆从二手车市场中驱逐。

艺术品市场中的信息不对称

在消费市场中，生产者和消费者的关系是

平等的，二者之间交易自由，双方只要达成协议就能进行买卖，不存在谁强迫谁的问题。所以双方都能通过市场交易来获得好处——消费者获得产品，生产者获得金钱。

但在艺术品市场中，生产者和消费者之间的关系很难维持平等。和一般消费市场不同，在艺术品市场中，如果没有人告知你该作品的价值，你是很难了解到的，因为这需要具备足够的专业知识才行。而且知道这幅作品价值的就那么几个人，通常都是画家自己，另外就是一些专家或者一些懂行的人，普通大众是没有这方面的知识储备量的，因此消费者自己很难看出作品的价值。这种情况下就出现了信息拥有量不对等的问题，也就是我们在这本书中经常提到的信息不对称问题。生产者和消费者一方信息持有量几乎为100%，一方为0，双方的信息持有量有天壤之别，因此可以说，艺术品市场的信息不对称问题在我们所提及的所有商品市场中位列第一。由此而看，"柠檬"市场理论也可以应用在艺术品市场中。

艺术品市场的"生产者"（画家）

在艺术品市场中，画家是自己画作的唯一生产者，又被叫作垄断生产者（pure monopolist），每个画家的作品风格鲜明，泾渭分明，很容易被区别出来。从这一点来看，美术作品应该被称为"异质品"。

严格来讲，画家创作的每幅作品都是独一无二的，换句话讲，如果该画家出现意外，这世间就无法再找到他的新画作了，因此艺术家在自己的画作产出方面处于垄断地位,没有人可以动摇。关于这一点,我们通过伟大的画家文森特·凡·高(Vincent van Gogh)来了解一下。

文森特·凡·高的画作中最受欢迎的莫过于《星月夜》和《夜间咖啡厅》,如果能够在现场细细观摩这些作品,你一定会感到震撼。如果你有幸可以到纽约现代艺术博物馆看展览,你就可以在这里领悟到《星月夜》的魅力——夸张的笔触,染料的晕染,乃至画中描绘的夜空中的星云,将作者的情绪表达得淋漓尽致,给人以身临其境之感。

1990年,泡沫经济席卷日本,在纽约的克里斯蒂拍卖行,凡·高的作品《加谢医生的肖像》被拍卖,成交价格为8250万美元,中标者是一位日本有名的造纸公司的老板。当时距离凡·高离世已经一百多年了,在这次拍卖之前,他的作品《向日葵》曾经以2475万英镑的价格卖给了日本的一家保险公司,由此可见凡·高的作品很受日本人的喜爱。

但是要知道,在凡·高生前,他的作品可几乎是一幅都卖不出去的啊!唯一卖出去的一幅作品就是他的弟弟提奥(Theo Gogh)帮他卖出的,名字为《红色的葡萄园》,仅仅卖了400法郎。为什么现在凡·高的画作会如此之贵呢?

因为在普通交易市场中,只要产品价格上涨,生产者就会增加产量,所以消费者根本不用担心产品来源问题。同时随着产量的增多,价格也会受到控制。但现在画家本人已经离开了,没有人可以提供画作了,所以说已逝画家的产品在艺术品市场中就是有市无价。

《星月夜》　　　　　　　　　《加谢医生的肖像》

换言之，在该画家离开后，艺术品市场对他的作品关注度不断上升，消费者的需求量也在上升，但是因为已经没有人再生产这样的画作了，所以该画家的画作价格上涨就成了一件很正常的事情，哪怕涨到天价在人们眼里也是无可厚非的。

为了便于理解，我们通过供需曲线图来分析一下这个现象。在其他消费市场中，供给曲

第四章　市场的逆向选择和道德风险

线一般如图4-1中S_1曲线那样，是一条往右上行的直线，但是在艺术品市场中，由于供给量停留在了Q_0处，所以供给曲线是一条垂直于X轴的直线，如图中S线所示，即无论价格怎么上升，供给量都不会发生变化。而需求曲线也如图所示从D_0变为了D_1，需求量上升了，那么在供给量不变，需求量增加的情况下，价格会怎么变化呢？一般来讲，市场价格在如图所

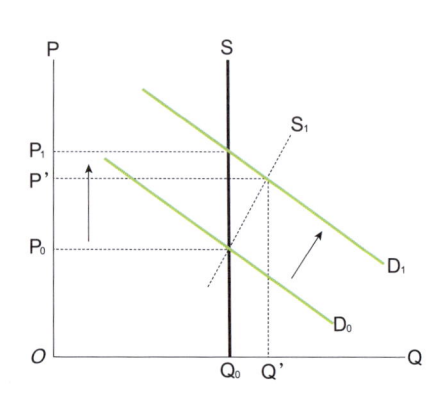

图4-1 艺术品市场的供需曲线图

示的 P_0 处,但在这种情况下会飙升到 P_1 处,两者的间隔非常大,这就是供需变化反应在价格上的典型例子。

与艺术市场这种情况相似的就是首尔江南区的公寓价格变化。二者都因为供给不变,需求量增加,使得价格暴涨。随着时代变化,首尔江南区聚集了大量补习班,成了有名的学区房集中地,但是随着大量公寓被出售,而土地面积又有限,所以无法建造更多新的公寓,也就是公寓数量趋于饱和。可是仍有源源不断的人想要购买这里的学区房,所以最终只会导致这里的房价不断上调。

艺术品市场的中间经营者(中介)

艺术品市场相较于其他市场来讲有两个特

性。一个是它的经济适用价值,画作并不会随着时间的变化而有所改变,这是它自身所具有的客观性质。另一个特性便是对于消费者或者观赏者而言它所具有的内在价值,也叫作美学价值。对美学价值大小的界定是非常主观的事情,这取决于一个人对艺术的感知力。就好比让人在买一个面包和买一幅抽象画中做选择,也就是在经济适用价值和美学价值中进行取舍,每个人的选择可能都不一样。

但是这种审美能力并不是与生俱来的,也不是随随便便就能拥有的,需要靠后天大量教育、训练以及实战才能获得,并且需要投入大量的时间和金钱才能培养出一个具备这种审美能力的人才,所以我们应该注重对学生们进行文学素养以及艺术鉴赏能力的培养和教育。

因此，艺术品市场和其他市场相比，除了明显的信息不对称问题，由此引发的不确定性问题也相当明显。比如，在其他市场中，消费者或多或少都能获得一些情报信息，从而购买到好的产品。但是在艺术品市场里，仅仅靠情报信息是很难理解领会到作品的艺术价值的。所以在艺术品市场中可以向大众告知作品艺术价值的中介就变得至关重要了，因为如果有中介可以告知大众该艺术作品的真正价值，那么艺术品市场就能有效地运转起来，而消费者也能通过在该市场的交易中获得额外利益，这在经济学上又被叫作消费者剩余（consumer surplus）或者消费者的净收益。通常艺术品市场的中介多是由一些评论家、艺术学院教授、画廊的馆长以及一些主管艺术采访的知名记者和艺术品拍卖师来担任。

所以艺术品市场想要散发更多的活力，就要挖掘出更多优秀的艺术品鉴赏家才行。但是这就对那些所谓的充当艺术品中介的鉴赏家们也提出了要求，他们自身首先要懂才行，只有这样，艺术品市场中介才能让越来越多好的艺术作品流通起来，展现出它们所具有的价值。

比如有很多优秀的好作品因为鉴赏家自身的眼光问题未能发挥出它的价值，就被湮没在众多的艺术品中，成了沧海遗珠。比如凡·高的画作，在他晚年时如果没有他弟弟坚持不懈的努力，他的作品可能就会被埋没很长时间或者被彻底埋没，这些都说不准。由此而见，艺术品市场的中介者作用何其重要。

现在我们从另一方面来看看这些中介者的

第四章　市场的逆向选择和道德风险

作用为何如此重要。众所周知,艺术品是有其经济储存价值的,在金融资本市场上,艺术品已经成了重要投资目标,在发生通货膨胀时,艺术品甚至可以充当货币的作用,因此全世界范围内都出现了投资艺术品的热潮,艺术品逐渐成了资本家们的投机对象,大量资本进入艺术品市场,从而使得该市场过热。这个时候中介的作用就显得尤为关键了,作为艺术品市场的监督者,他们要防止艺术品成为各大资本的投机对象或者炒作的工具,以保证艺术品市场平稳运行。

消费者剩余

又被称为消费者的净收益,是指消费者在购买一定数量的某种商品时愿意支付的最高总价格和实际支付的总价格之间的差额。

扩展知识

伯乐一顾

为了帮助大家更容易理解这些中介者为何如此重要,我们借助一个历史小故事来对此展开进一步的说明。故事内容大家应该都不陌生,就是伯乐和千里马的故事,它出自中国古代名作《战国策》,名为"伯乐一顾",正如名字中所描述的那样,"伯乐看了一眼",可以说是推动这个故事发展的重要情节。下面我们一起来欣赏一下这个小故事。

话说,战国时代有位著名的相马人物,善

于观察品评马匹的优劣，名字叫作伯乐。有一天，有位做马匹生意的人来找伯乐，请伯乐帮帮他。他已经连续三天站在集市上等候别人来买马，但是经过的人总是对他视而不见，也没有人买他的马，他只得寻求伯乐的帮助。伯乐答应了他的请求，第二天到他卖马匹的地方，绕着马看了几眼后就走了。这个时候惊人的事情发生了，人们突然竞相抢着来买马贩的马，刹那间，他就以比原来高出好几倍的价格将马卖掉了。

在这个故事中，真的就像题目所描述的那样，伯乐没有做别的事情，他只是围着马转了一圈，细细地瞧了瞧，临走时又回首点了点头，用一种痴迷的眼光看了看千里马，然后不讲一句话就离开了。

　　这些看似普通的行为，没什么特别之处，但是在围观的人眼中，他的这些行为所传递的意义可就不同了，人们会认为这是一匹好马，要不然怎么能引得像伯乐这么厉害的相马人物都流连忘返呢？肯定是因为这匹马很好。围观的人自以为读懂了伯乐的心理，殊不知伯乐正是利用了这种心理，由此可见，伯乐不光拥有一双能相马的慧眼，他还拥有一双能洞察人心的慧眼。后人看了这个故事，留下了这样的一句话：世有伯乐，然后有千里马。千里马常有，而伯乐不常有。这位后人便是中国唐代的著名诗人韩愈。

年轻人啊，你要买什么保险?
生命险。
巧了，我也要买生命险。
胃癌晚期了，刚收到诊断书，得抓紧时间买份保险啊……
年纪大了，不服老不行啊，得给自己买份保障啊……
您好，我们想买保险。
好的，稍等，请出示您二位的健康诊断书。
什么，还得需要健康诊断书?！
唉，年纪大了，买不了保险了，都超过买保险的年龄上限了……
怎么办，不能给他们真的证明啊……
在保险市场中，保险公司为了防止自己做出逆向选择，设置了“甄别机制”，从而尽可能保证自己的信息持有量，规避信息不对称带来的问题。

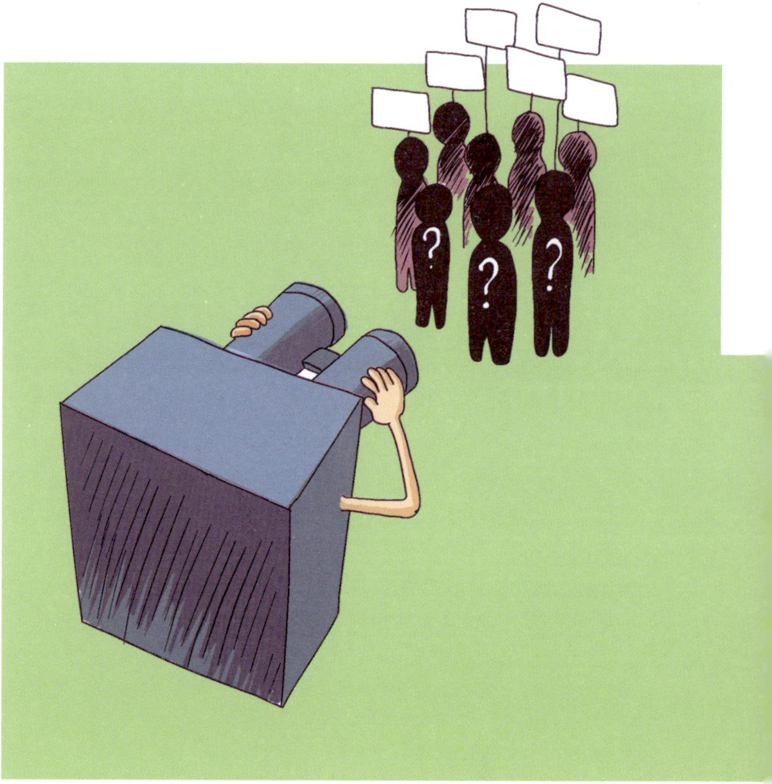

第五章

劳动市场中的筛选和信号发送

看到这里,我们发现"柠檬"市场理论的应用领域十分广泛。本章将主要介绍"柠檬"市场理论是如何应用在劳动力市场上的。下面让我们首先来看一下聘用者和应聘者之间的信息不对称问题。

人力资本和工资

经济学家们试图将社会现象用经济学框架来进行分析说明,其中教育领域是经常被涉及乃至被各位经济学者们都频繁提及的。当今社会是一个非常重视教育和知识的社会,所以在经济学视角下对该领域展开研究是十分必要的。

最近,教育领域也引进了经济学的市场概念。如果将教育者和受教育者分别看作生产者和需求者,那么从经济学视角分析教学模式的转变，就可以做出如下解释：过去的教学模式是以生产者为中心的教学模式，而现在则是以需求者为中心的教学模式。或许在有些人看来，仅仅从这样的经济层面来解读会不会有些太片面了，但是教育之所以受到经济学热捧，原因就是，人们在教育体系里接受教育，从而提高自己的理解力、认知力、智力和判断力等各方面的能力，这些被提高的能力不正是经济学中常讲的人力资本吗？换言之，照这个思路来分析，教育不正是一个人力资本管理的系统吗？从人力资本理论的视角来看，人们将接受教育看作是一种对自己的投资，这种投资会花费自己的资金，比如学费、书费以及因为继续上学而不得不放弃的工资等机会成本等。通过接受教育所积累的人力资本用比较难一点的经济学术语来讲就是"滞后资本"（embodied capital）。

通过这种人力资本的积累，等到我们再次进入劳动市场应聘时会发现，公司给自己的工资会高于之前给的工资水平。这个时候公司给我们开出的工资其实就相当于使用我们人力资本的费用（租借费），也就是说，通过接受教育积累的人力资本越多，工资就越高，也就是我们常说的学历越高的人工资就越高。

教育的信号发生作用

劳动力市场是各大企业以及事业单位进行招工、招聘的市场。劳动者和企业根据双方的供给和需求达成协议，约定好工作时间和薪资水准。从经济学角度概括来讲就是：对于双方而言，劳动者指的就是供给者，企业就是需求者，企业最终决定聘不聘用劳动者以及给劳动者开出的薪资高低看的就是生产者的生产力水平如何。

那么问题来了，劳动者的生产力水平并不是在签合同前通过几分钟乃至几小时的谈话就能了解的，也就是说，如果应聘者在应聘过程中提供了虚假信息，那么企业也无从得知。讲到这里我们就知道了，像前面提及的二手车市场一样，企业和应聘者之间又产生了信息不对称问题，聘用者对应聘者的详细信息不太了解，这些信息只有应聘者自己知道，所以企业在对应聘者生产能力不甚了解的情况下就做出了决策，也就是说，这种决策是在不确定的情况之下做出的。

尽管如此，想要做出决策总归还是需要凭借某些招聘标准来判断应聘者的生产能力。那么这个招聘标准是什么呢？正是我们刚刚提到过的受教育水平。调查资料显示，一般来讲，应聘者的受教育水平和生产力是成正比的，这个观点是整个劳动力市场公认的。下面我们就利用信号模型来分析一下。

这个模型的提出者正是我们前面提到过的曾和乔治·阿克洛夫共同获得诺贝尔经济学奖的迈克尔·斯宾塞教授，他曾长期在哈佛大学执教，于2001年获得了诺贝尔经济学奖。他在模型中首次引进了信号的概念，并将这一概念应用在劳动市场中，通过这一模型深刻地分析了企业为何会依据受教育水平（学历）来决定应聘者是否被录用以及应聘者的薪资是多少。

依据迈克尔·斯宾塞教授的理论模型,他认为应聘者的受教育水平在求职时会扮演着信号的角色。关于这点解释起来比较复杂,接下来我们将针对一些要点来进行说明。

首先,迈克尔·斯宾塞教授假设个人能力也就是生产能力和受教育水平成正比,而教育费用(信号成本)和能力成反比。这也就意味着即使受教育水平也就是学历相同,能力出众的人也要比能力较低的人花费的教育费用更少。按照这个假设,作为一个人受教育水平的证明材料——毕业证,就顺理成章地成了衡量应聘者生产能力的重要指标。也就是说,在聘用者眼中,有大学毕业证的人比没大学毕业证的人的生产力水平要高。

但是如果这么假设也会产生一些问题,学

历和生产能力之间会产生均差，即便是同一所大学毕业的人，即便拥有相同的毕业证，他们的生产力水平也可能会有非常大的差距。例如，某个人的生产能力或许会很低，甚至都达不到该校学生普遍生产能力的平均水平。也就是说，如果企业仅凭毕业证来判断一个人的生产力水平是很容易会被误导的。

我们都知道高考制度和大学毕业制度往往都有一些缺陷存在，比如大学期间只要你不挂科，或者即便你挂科但是补考通过了，你就可以获得毕业证。所以拥有毕业证的人不一定是有能力的人，即毕业证不能完全作为衡量一个人生产能力的标准。如果仅仅靠毕业证来判断求职者的生产能力，聘用者如果足够幸运或许可以招到符合自己招聘要求的人，反之则可能会招到在自己期待值以下的应聘者，显然后者就相当于二手车市场里的"柠檬"，只不过这些"柠檬"拥有大学毕业证罢了。

此外，没有大学毕业证，只是拥有高中毕业证的人就一定不是优秀的人才吗？显然并非如此，这太过绝对了。高中学历的人群中也不乏一些优秀人才，但是企业在面对这些人的应聘时，往往会因为这些人学历低就不给应聘机会或者给出的工资很低，让这些人受到了不公正的待遇。因此出于以上原因，企业在招聘时如果仅靠毕业证来判断一个人的生产水平的高低，是很容易做出逆向选择的。

毕业证和学历通胀

像前面提到过的那样，毕业证作为人力

资本堆积的产物，理所当然地就成了人力资本的衡量指标，因此毕业证作为具有进入大学的基本能力的传递信号，也就和薪资水平直接挂钩了。

所以想要找工作的应聘者就用大学毕业证作为敲门砖来证明自己的受教育水平和能力，而企业也依此来选拔员工。这也是为什么现在会有很多求职的年轻人都在想方设法提高自己的受教育水平的原因。

可是如果所有人都开始想方设法提高自己的教育水平会怎样呢？可能所有人都拥有同等的学历了，分不出谁高谁低，那么这时候受教育水平或者毕业证就无法担当信号的作用了。并且在这种浪潮中，会无意中将就业门槛提高，也就是说，以前大学本科毕业证就可以承担信号的作用了，但现在求职者得研究生毕业，即硕士学位证才能承担信号的作用，即便如此，仍有人乐此不疲地加入这场热潮。

但是如果任由这种情况继续发展的话，恐怕会引来"教育通胀"现象。因为所有求职者的学历都成了硕士，所以不可避免地会出现即便是研究生毕业仍然会面临失业的情况。而这正是大家对教育投资太过热情而引发的结果。利用信号理论也给了我们一个启示，那就是现在大家对教育的投资恐怕过于热情了。

实习制度

应聘者在求职的时候要事先向应聘公司提交一份材料，这份材料就是简历。简历里包含应聘者的各种详细信息，比如年龄、性别、学

历、工作经历、特长以及相关证书取得情况，等等。

这份简历可以帮助聘用者来判断这个人该不该被录取以及该给他多少工资。这份简历的作用就像是客户加入保险之前向保险公司提供的健康证明一样。

除此之外，企业可能还会要求应聘者提供毕业证和学位证，甚至有的企业还会要求提交在校成绩单，也就是说，企业以学生在校期间取得的学习成果来判断他的能力高低。这样就又引发了一个问题——重视学生就业的大学为了提高就业率，普遍给的分数都很高，从而引发了"学分通胀"。这一做法于是就又导致了学分也无法承担信号的作用了，因为所有人的学分都很高，所以就无从判断该聘用谁了。

所以为了选拔出优秀的人才，企业在招聘的时候又增加了面试，希望通过面试来进一步确认应聘者的真实性格、能力以及工作适应力，从而筛选出优秀的应聘者。即便如此，也依然会有人在面试过程中耍小心机，他们会夸大自己的能力来欺骗面试官，如果面试官不能识破，那么这样的人就很有可能会被录用，使得企业做出逆向选择。

因此为了避免将这类人录取，企业又引进了实习制，通过在一定时间内的实习，来考察拟录取人员的真实能力，此人如果实习通过就能成为正式员工。同时，实习制还可以帮助企业排除许多不确定性因素，获得更多关于这些应聘者的准确情报，从而可以有效地帮助企业在录取时将一些"柠檬"应聘者剔除。因此，这种实习制也逐渐在劳动市场中流行起来，被越来越多的公司所引进。

各位面试官，你们好！如果有幸进入贵公司，我一定赴汤蹈火，在所不惜。
能够在贵公司工作是我毕生的梦想。
这批应聘者都很不错啊，学历也没有差别。
我看了下这批应聘者的学历，都很高啊。
对的，在选择这些应聘者的时候主要看的还是学历水平，毕竟学历承担了信号的作用。
但是，因为大家的学历水平都很高，现在反而不好选择了。
有道理，还得再想别的方法来考察他们才行……
接下来将对大家进行3个月的实习考察，录用优秀实习者。
企业为防止选择的应聘者是“柠檬”，便运用简历和实习制的方式选择应聘者。

结语

研究各种各样的社会问题

  前文中曾经提到过"完全竞争市场"这一经济学概念，不难发现，要想形成完全竞争市场必须具备许多条件，其中之一就是信息完全性，即市场上的每一个买者和卖者都掌握着与自己的经济决策有关的一切信息。这样每一个消费者和每一个厂商都可以根据自己所掌握的完全的信息，做出自己的最优经济决策，从而获得最大的经济效益，使得市场可以有效地运转起来。但现实生活中的市场却并非如此，就像前面提到过的二手车市场以及劳动力市场等，在这些经济市场中，交易双方是无法掌握与自己的经济决策有关的一切信息的，也就是信息完全性不可实现，由此而引发了市场失灵现象。

在现实的交易市场中，信息不完全性或者信息不对称性使得每个人往往都会在充满不确定性因素的情况下，依据自己的偏好和期待来做出经济决策。在这种情况下做出的决策无疑是有风险的，并且这个风险还只能由自己来承担。而且在这个过程中，决策者还极易进入"柠檬"市场中，做出逆向选择。

由信息不对称引发的问题在我们的生活中随处可见，主要可以分为两类，一类是由事前信息不对称引起的行为，即在签订合约之前，隐藏信息或储备的知识信息不对称，使得交易中的一方做出了逆向选择的行为；另一类是由事后信息不对称引起的，即在签订合约之后，有一方隐藏自己的行为，从而出现了道德风险问题。

我们现如今生活的时代有一个很大的特征，即"信息就是财富"。所以因为信息不对称，我们很可能会让自己遭受损失，从宏观方面来看，信息不对称或许还会对整个经济市场也造成影响，比如由信息不对称而引发的市场失灵现象。

为了防止这种信息不对称引发的逆向选择和道德风险问题，我们通常会采取一些措施来应对，这些在前文中都曾经提及过。比如信息持有量处于弱势地位的一方可以通过设置甄别机制来过滤那些"柠檬"（瑕疵品），或者通过让信息持有量处于优势地位的一方发送信号，从而让处于劣势地位的一方获取更多的情报等。后者实则就像最后一章中提到过的，在劳动力市场中，应聘者要提供学位证和毕业证的行为一样，招聘者通过这样的方式也可以过滤"柠檬"。

在这本书的最后，还想和大家分享一下乔治·阿克洛夫的经济哲学观。在前文的采访中他曾经讨论过这个话题，大家应该也有所了解，他是一个不喜欢给经济学设限的人。很多经济学家会将经济学限制在某个领域内展开研究，但乔治·阿克洛夫不喜欢这样，他会对各种各样的社会问题进行分析和讨论，比如失业

结语 研究各种各样的社会问题

问题、社会阶级、种族歧视、社会习俗以及社会信任问题等，乔治·阿克洛夫将这些问题和经济学结合起来进行分析研究，然后得出自己的结论。就像在本书的第一章中围绕"不确定性"这个主题展开讨论一样，他会结合各种各样的社会问题或者社会现象来加以分析说明。

关于乔治·阿克洛夫的经济哲学观，可以用他的一段话来概括：

> 经济学对待理论就像法国厨师对待食物一样，要将那些被不成文的规则所限制的因素发展成为具有独特风格的模型，传统的法国厨师不使用生鱼和海带，新古典经济学家也不从心理学、人类学和社会学出发提出假设。而我，不同意任何限制经济学模型组成成分的规则。

讲到这里，大家应该对乔治·阿克洛夫的经济哲学观有了清晰的认知，他是一个喜欢将不同领域存在的现实问题同经济学结合起来，然后进行分析研究的经济学家。正如在这本书中跟大家分享的内容一样，这些内容涉及很多领域，并不仅局限于经济领域。这正是经济学的魅力所在，可以通过对不同领域出现的现实问题进行观察和分析，从而得出某个经济理论。最后，希望乔治·阿克洛夫的经济哲学观能够给大家带来一些启示。